Franz Pfeiffer

Über Walther von der Vogelweide

Franz Pfeiffer

Über Walther von der Vogelweide

ISBN/EAN: 9783743308510

Hergestellt in Europa, USA, Kanada, Australien, Japan

Cover: Foto ©ninafisch / pixelio.de

Manufactured and distributed by brebook publishing software (www.brebook.com)

Franz Pfeiffer

Über Walther von der Vogelweide

ÜBER

WALTHER VON DER VOGEL

VON

FRANZ PFEIFFER.

WIEN.
VERLAG VON TENDLER & COMP.
PÖTZELBERGER & FROMME.
1860.

I.

WALTHERS HEIMAT UND GESCHLECHT.

Über Walthers Heimat sind mannigfache Vermuthungen vorgebracht worden, die jedoch alle bis zur Stunde mehr oder weniger nur Vermuthungen geblieben sind, denen man, weil sie einer tiefer gehenden, allseitigen Begründung entbehren, nach Belieben Glauben schenken oder verweigern kann. Wenn ich, ohne aus neuen Quellen zu schöpfen, über diesen Gegenstand abermals das Wort ergreife, so mag mir, falls das überhaupt nöthig ist, das Interesse zur Entschuldigung dienen, das mit der Frage über die Herkunft eines der größten Dichter unserer Vorzeit an und für sich verbunden ist. Aber im Grunde wird es vornehmlich darauf ankommen, ob und welche neue Seiten ich dem längst Bekannten abzugewinnen im Stande bin, d. h. ob es mir gelingt, die Beantwortung jener Frage, ich sage nicht zu völliger Entscheidung, aber doch zu höherer Sicherheit als bisher zu bringen. Gewiss ist die Sache eines wiederholten Versuches werth, und das unlängst vernommene, auf schreckhafte Gemüther berechnete Drohwort: „Walther sie sollen lassen stahn", soll mich nicht abhalten, ihn zu wagen.

Bis in die neuere Zeit hat man nach einem Geschlecht und einer Burg Vogelweide gesucht und geforscht, in der Schweiz, in Böhmen, Baiern, Österreich und Franken. Da man keine Burg dieses Namens fand — ohne Zweifel aus dem einfachen Grunde, weil es nie eine solche gegeben hat — und in Betreff einer alten Familie, die sich von der Vogelweide schrieb, auch die Urkunden

schweigen, so leugneten die Einen, daß Vogelweide ein wirklicher
Geschlechts- und Ortsname sei; Andere, Ältere, giengen kühner zu
Werk, indem sie zu Erfindungen ihre Zuflucht nahmen.
So soll nach Stumpfs Schweizerchronik im obern Thurgau
einst ein Schloß Vogelweide gestanden haben. Ludwig Uhland hat
indess S. 5 ff. seiner vortrefflichen Schrift über Walther sehr gut
nachgewiesen, auf welche Weise diese Nachricht entstanden ist, die
erst zu Anfang des 17. Jhd., 40 Jahre nach Stumpfs Tode und zwar
auf Veranlassung der gerade damals aufgetauchten Pariser Hs. in
die Ausgabe von 1606 eingeschwärzt wurde. Nur so viel ist sicher,
daß es im 15. Jhd. zu St. Gallen ein Patriciergeschlecht dieses
Namens gab und ein Hans Vogelweider zu derselben Zeit urkundlich vorkommt. Natürlich beweist dies für frühere Zeit und für
unsern Dichter gar nichts.

Der Glaube an Walthers schweizerische Heimat ist längst aufgegeben; nur Heinrich Kurz (Geschichte der deutschen Literatur
1, 49) scheint noch daran festzuhalten, ja neue Wahrscheinlichkeitsgründe dafür gewonnen zu haben, die er später einmal darzulegen
versprochen hat. Ein günstiges Vorurtheil erweckt es nicht, daß
er Walther zu einem Bürgerlichen stempeln will, was im Ernste bis
jetzt noch Niemand eingefallen ist.

Nach Baiern führt uns eine Urkunde vom J. 1394 (Mon. Boica
16, 459. vgl. Schmeller 4, 27), worin ein „Walther der Vogelwaid
von Velthain" genannt wird. Feldheim ist ein Dorf bei Rain in
Oberbaiern. Auch dieses Zeugniss ist von keinem Gewicht, da der
Name entweder von der Beschäftigung als Vogelsteller genommen,
oder dem Dichter zu lieb gegeben wurde, wie es denn gerade in
Baiern und Tirol vom 13.—15. Jhd. häufiger Gebrauch war, Kinder
nach berühmten Dichtern oder nach Helden deutscher Epen zu benennen (vgl. den Aufsatz von I. V. Zingerle in der Germania 1, 290).

Einen Landherrn von Böhmen nennt ihn ein Meistergesang des
16. Jhd. (abgedruckt bei Wagenseil, von der Meistersinger holdseligen Kunst, S. 506):

der fünft Herr Walter hieß,
war ein Landherr aus Böhmen gewiß,
von der Vogelweid. —

Aber Walther war, wie wir wissen, nichts weniger als ein Dynast, und die ganze Notiz ist viel zu jung, um irgend einen Werth
zu haben.

Es bleiben also bloß noch Österreich und Franken übrig, die hier in Betracht gezogen werden können. Uhland hat seine Ansicht hierüber nicht bestimmt ausgedrückt, obwohl er sich eher nach Franken zu neigen scheint, für welches sich, auf Grund der Mittheilungen Oberthürs (die Minne- und Meistersänger aus Franken. Würzb. 1818), v. d. Hagen und Wackernagel ausgesprochen haben. Für Österreich dagegen hat Lachmann sich entschieden; und diese, mit der bekannten Energie vorgetragene Ansicht zählt wohl gegenwärtig die meisten Anhänger. Namentlich haben alle Jene ihr beigestimmt, die ein seliges Genügen darin finden, dort stehen zu bleiben, wo Lachmann gestanden hat, und die des Glaubens sind, daß es über Lachmann hinaus nur Irrthum und Thorheit gebe. Nur W. Wackernagel hält nach wie vor an seiner Überzeugung mit löblicher Ausdauer fest (s. Litteraturgeschichte S. 241), jedoch ohne sich, was durchaus nöthig scheint, in eine genauere Auseinandersetzung seiner Gründe eingelassen zu haben. Ich will dasselbe meinerseits hier versuchen, indem ich die Behauptungen Lachmanns prüfe und beleuchte.

Es sind besonders zwei Stellen in Walthers Liedern, auf die er sich hiebei beruft.

Zuerst jene schon oft besprochene 32, 14:

ze Ôsterrîche lernte ich singen unde sagen,

in Verbindung mit dem mundartlichen Reime *verwarren* (= verworren): *pfarren* 34, 18. Daraus und aus ein paar andern Stellen, auf die ich noch zu reden komme, ergebe sich, sagt Lachmann zu 124, 7., daß Walther von Kind auf für einen Österreicher gegolten habe: es sei daher „grundlos, ihm ein anderes Geburtsland zu suchen." Das ist ungefähr, wie wenn Jemand sagte: weil Adalbert von Chamisso in Preußen seine Bildung empfieng, dort deutsch sprechen und dichten lernte und seine Gedichte dort zuerst bekannt machte, habe man keinen Grund, ihn für einen gebornen Franzosen zu halten. Und bei wem, darf man fragen, hat er für einen Österreicher gegolten? Doch nicht bei Andern, denn es findet sich weder bei gleichzeitigen, noch bei später lebenden Dichtern auch nur die leiseste Hindeutung auf Walthers Heimat. Also bei ihm selbst? Eben so wenig sind wir berechtigt, das Land, wo er von Kind an erzogen ist (124, 7), für Österreich zu halten. Denn davon ist überall, hier und sonst, keine Rede.

Nehmen wir die Zeile, aus ihrem Zusammenhang gelöst, wie sie oben mitgetheilt ist, so ist gewiss nichts leichter, und schon Uhland hat es mit vollem Recht gethan (S. 13), als einen der Lachmannischen Folgerung geradezu entgegengesetzten Schluß daraus zu ziehen. Von einem gebornen Österreicher oder Preußen wird, so lange nicht das bestimmte Gegentheil gesagt wird, Jedermann annehmen, er wird voraussetzen, daß derselbe in seiner Heimat, seinem Geburtsland erzogen und gebildet ist. So hatte auch Walther, wenn er ein geborner Österreicher war, gar nicht nöthig zu sagen, daß er dort seine Bildung empfangen, seine Kunst gelernt habe; das verstand sich von selbst, und es verstand sich in diesem Falle um so mehr von selbst, als Österreich im 12. und 13. Jhd. als die Wiege und die Schule der echtdeutschen Lyrik allgemein galt und es in der That auch war. Da nun aber Walther ausdrücklich es sagt, daß er hier singen und sagen gelernt, so muß nothwendig die Vermuthung entstehen, daß er nicht aus Österreich gebürtig sei. Eben dasselbe konnte aus der Stelle in den Sprüchen Reinmars von Zweter, worin er sagt, daß er in Österreich erwachsen sei (MSH. 2, 204^b), geschlossen werden, ohne daß es dazu des Beisatzes „*von Rîne sô bin ich geborn*" bedurft hätte.

Betrachtet man jene Zeile Walthers im Zusammenhange, so wird noch deutlicher, daß er weit entfernt ist, damit sein Heimat- oder Geburtsland zu bezeichnen. Er klagt in dem Spruche über den Verfall der Kunst, und daß man seinen höfischen Sang schmähe und verdächtige; darum wolle er in erster Reihe dahin sich wenden und dort Klage erheben, wo er seine Kunst gelernt habe: nach Österreich; finde er dort, bei Leopold, die Hilfe, wie sie von einem solchen Fürsten zu erwarten sei, so werde sein Muth wieder aufleben. Es ist eine Appellation an den Herzog, den Schmähungen gegen die Sangeskunst, wie er sie an seinem Hofe gelernt, kein Gehör zu schenken.

Wie ist es möglich aus dieser Stelle eine Antwort auf die Frage nach des Dichters Heimat zu entnehmen?

Noch weniger hat der Reim *verwarren* zu bedeuten, die einzige Spur von österreichischer Mundart in Walthers sämmtlichen Liedern. Selbst das Vorkommen von einer größern Anzahl ähnlicher Reime würde von keinem Gewicht sein; sie wären höchstens ein weiterer Beleg für das, was wir ohnehin schon wissen: nämlich für Walthers längeren Aufenthalt in Österreich. Ja, wenn man erwägt, welch sichtbaren Einfluß ein längeres Verweilen in Nord- und Mitteldeutschland bei Ulrich von Zatzichofen, einem Thurgauer, und Wolfram von Eschenbach, einem Baiern, auf Sprache und Reim gewonnen hat, so hat man Ursache, sich über die fast gänzliche Abwesenheit mundartlicher Formen bei Walther zu wundern; und ich wüsste nicht, was man Triftiges entgegen halten wollte, wenn Jemand gerade daraus einen Beweis gegen Walthers österreichische Abkunft herleiten würde. Jedenfalls beruhte ein solcher Beweis auf weit besserer Grundlage, als der umgekehrte. Es erweckt überhaupt ein eigenes Gefühl, wenn man Philologen, die sonst auf dialektische Forschungen mit Achselzucken herabzusehen pflegen, plötzlich einem vereinzelten Reime eine Beweiskraft zugestehen sieht, die sie an andern Orten einer Fülle von Beobachtungen verweigern. Gewiss macht dieser eine Reim Walthern so wenig zu einem Österreicher, als eine Schwalbe einen Sommer macht. —

Den zweiten wesentlichen Stützpunct für Lachmanns Ansicht bildet der Spruch vom Nürnberger Hoftag (84, 14), den ich, weil das zu meiner Erörterung nothwendig ist, ganz hersetzen muß.

Si frâgent mich vil dicke, waz ich habe gesehen,
swenn ich von hove rite, und waz dâ sî geschehen.
ich liuge ungerne und wil der wârheit halber niht verjehen.
ze Nűerenberc was guot gerihte, daz sage ich ze mære,
umbe ir mille fråget varndez volc: daz kan wol spehen.
die seiten mir, ir malhen schielen danne lære:
unser heimschen fürsten sîn sô hoveberre,
daz Liupolt eine milteste geben, wan daz er gast dâ wære.

Es ist nicht ausgemacht, welcher kaiserliche Hoftag hier gemeint sei. Lachmann denkt an den vom 1. Mai 1216 oder an jenen vom 31. Jan. 1217. Aber der erstere ward, wie schon Daffis in seiner Schrift über Walther S. 12 nachgewiesen hat, nicht in Nürnberg, sondern zu Würzburg abgehalten. Wackernagel dagegen war der Ansicht (Walther 2, 183), Walther meine unfehlbar dasjenige Fest zu Nürnberg (Dec. 1225), womit die Vermählung zweier Kinder Leopolds gefeiert ward, seiner Tochter Margarete mit König Heinrich und seines Sohnes Heinrich mit Richkart (oder Agnes), der Schwester des Landgrafen Ludwig von Thüringen. Außerdem war Herzog Leopold noch auf dem großen Hoftag anwesend, den K. Friedrich II. zu Ende October und Anfang November 1219 in Nürnberg veranstaltete (vgl. Meillers Regesten Nr. 156—58. Böhmer

Nr. 307 ff. S. 103); endlich auf dem von König Heinrich VII. im Juli 1224 eben daselbst abgehaltenen Hoftage (s. Böhmer Nr. 58—61. S. 218. Meiller Nr. 193. S. 134). Welchen von diesen vieren ich für den von Walther gemeinten halte, werde ich später sagen; für die zunächst liegende Frage ist dieß von keinem Belang.

Vielmehr frägt es sich, und es ist die Antwort von entscheidender Wichtigkeit, wen wir unter den *heimischen fürsten*, die um ihrer Knauserei willen hier getadelt werden, zu verstehen haben. Lachmann giebt folgende Erklärung: „die Fahrenden wollen nicht sagen, daß der König und die Fürsten karg gewesen sind: sie sagen nur, unsere heimischen Fürsten, die österreichischen, seien von so glänzender Art, daß Leopold der einzige Freigebige gewesen sein würde, wenn er sich nicht entschuldigt hätte, daß er als Gast nicht genug bei sich habe." Ich halte diese Erklärung in allen Theilen für ein glänzendes Beispiel, wie man nicht erklären soll.

Leopold hätte sich entschuldigt? Das ist ihm gewiss nicht eingefallen und es steht kein Wort davon im Texte. Im Gegentheil, der Dichter oder die Fahrenden sind es, die ihn entschuldigen: er habe zwar auch nichts gegeben, aber er wäre, bei seiner bekannten Freigebigkeit, der Einzige gewesen, der da würde gegeben haben, wäre er nicht *gast*, d. h. fremd, hier gewesen, und daher des Gebens überhoben. Wie dieß zu verstehen ist, zeigen folgende Stellen, auf die schon Lachmann, jedoch ohne Nutzen für seine Erklärung, kurz verwiesen hatte. Die erste steht im Erek 2266 ff.

> *Dô was er niht sô rîche*
> *daz er vollecliche*
> *mohte mit dem guote*
> *volziehen sinem muote.*
> *swaz aber ime des gebrast*
> *(ich meine daz er dâ was gast,*
> *sîn lant was im verre)*
> *Artûs der herre*
> *gap im swaz er vor sprach.*

Die zweite in Parzival 775, 29:

> *Gramoflanz unt Gâwân*
> *von in diu koste wart getân.*
> *Artûs was des landes gast:*
> *sîner koste jedoch dâ niht gebrast.*

Es war also im Mittelalter selbstverständlich, daß man von einem weither Gekommenen, an einen fremden Hof Geladenen nicht erwartete, daß er dem Volke Geschenke machte, sondern der Wirth that es an seiner Stelle oder rüstete ihn mit dem Erforderlichen dazu aus. *Gast* bedeutet im Mhd. wie das lat. hospes in erster Reihe Fremder, Fremdling, und wird regelmäßig dem *kunden*, dem *friunde*, dem Einheimischen gegenüber gestellt, z. B. *den gesten und den kunden* Nib. 26, 4 (wo mehrere Hss. wie auch 36. 1417 lesen: *den fremden und den kunden*). *von kunden noch von gesten* Trist. 72, 19 (2817 Hagen). *der heimliche und der gast* Wolframs Wilh. 155, 14. *die geste und die heimlichen* Parz. 345, 9. *den heimlichen mit dem gaste* Ulrichs Tristan 2490 u. s. w.

In dieser Bedeutung steht das Wort auch hier. Herzog Leopold wird als *gast*, als ein aus dem fernen Österreich nach Nürnberg gekommener Fremdling, von dem daher keine milden Gaben zu erwarten waren, den heimischen Fürsten, dem um Nürnberg angesessenen hohen Adel, entgegen gestellt, deren Aufgabe es nach höfischem Brauche gewesen wäre, die Fahrenden zu bedenken, denn sie waren in der Nähe zu Hause und an ihnen war es, die Pflichten eines Wirthes zu erfüllen.

Wie ist es möglich, unter den *heimischen fürsten* österreichische, mit Leopold nach Nürnberg gezogene Edle zu verstehen? Waren denn diese in Nürnberg nicht ebensowohl *geste*, Fremdlinge, wie Leopold? Und wo bleibt bei jener gezwungenen, schiefen Erklärung der offenbare, unzweifelhafte Gegensatz, die Spitze des ganzen Spruches, der bittere Spott über die unhöfische Kargheit? Derjenige, der zur Milde geneigt war und hätte geben wollen, konnte nicht, und jene, die gekonnt und gesollt hätten, wollten nicht und gaben nichts. Das ist der Sinn.

„Die Fahrenden, sagt Lachmann a. a. O., wollen nicht sagen, daß der König und die Fürsten karg gewesen sind." Lassen wir (wie Walther selbst) den König aus dem Spiele, der dort gleich dem Herzog *gast* war, warum hätten sie das nicht sagen sollen und wollen? Wir wissen ja zur Genüge, wie wenig sie in diesen Dingen ein Blatt vor den Mund nahmen. An den beiden großen Nürnberger Hoftagen von 1217 und 1219 waren außer Leopold zugegen die Erzbischöfe von Mainz und Salzburg, die Bischöfe von Augsburg, Bamberg, Basel, Eichstädt, Freisingen, Metz; ferner König Ottokar von Böhmen, die Herzoge von Baiern, Kärnten,

Steiermark, die Grafen von Urach und Baden nebst zahllosem Adel von nah und fern. Auf dem von 1224 die Erzbischöfe von Köln und Trier, die Bischöfe von Augsburg, Freisingen, Metz, Regensburg, Passau, der Herzog von Baiern, der Burggraf von Nürnberg, Hermann, der Deutschordensmeister, „cum aliis imperii magnatibus"; und auf dem von 1225 die Erzbischöfe von Salzburg und Trier, die Bischöfe von Augsburg, Bamberg, Eichstädt, Passau, Würzburg, die Herzoge von Baiern, Kärnten, Sachsen, der Landgraf von Thüringen und viele ungenannte Fürsten, Edle und Reichsdienstmänner (Böhmer S. 223).

Warum hätten denn bloß die österreichichen Fürsten dem fahrenden Volk seine leeren Taschen füllen sollen, und welche Verpflichtung hatten gerade sie vor allen anderen dazu? Indess Walther und die Fahrenden sind weit entfernt, an die weither gezogenen österreichischen Fürsten ein so unbilliges Verlangen zu stellen: *unser heimschen fürsten* sind nicht die österreichischen, es ist der eingeborne, der um Nürnberg angesessene, der fränkische Adel, dem der Hieb galt: seine Sache war es, sich *hovebære*, als Wirthe gleichsam des Hauses, der höfischen Sitte gemäß freigebig und glänzend zu zeigen.

Zwar bringt Lachmann unsern Spruch mit einem andern (36, 1) in Verbindung und sucht jenen durch diesen zu erklären. In der That haben aber beide (wie sich noch deutlicher zeigen wird) mit einander gar nichts zu thun. Dort brauchte Leopold nichts zu geben, weil er fremd war, hier ist seine Sparsamkeit (nicht minder auch die seines Adels, auf welchen die Hauptlast fiel) durch die Zurüstungen zum Kreuzzug gerechtfertigt; dort spottet Walther über *unser heimschen fürsten*, hier apostrophirt er *die helde ûz Ôsterrîche*, indem er sie ermahnt, ihren Herzog nicht bloß im Sparen, sondern auch im Geben nachzuahmen. Die Milde gegen die Dichter und Sänger war eben damals überhaupt schon in Abnahme begriffen, und was von dem österreichischen Adel galt, konnte auch wohl von dem jedes andern Landes gesagt werden.

Durch den Gang unserer Untersuchung sind wir unvermerkt und von selbst nach Franken gelenkt worden. Hier wollen wir stehen bleiben. Walther nennt den fränkischen Adel *unser* Fürsten; daraus geht hervor, daß er selbst dort heimisch, daß er in Franken geboren ist. Sehen wir zu, ob dieser Thatsache nichts entgegen steht, oder ob sie sich nach andern Seiten hin noch fester stützen und begründen lässt.

Walther ist in der Hauptstadt des Frankenlandes, in Würzburg, gestorben und wurde dort in dem ehemaligen Collegiatstifte zum neuen Münster begraben. Auf seinem Grabsteine unter einer Linde in dem vom Kreuzgang umschlossenen Grashofe, vordem Lusem- (= Lust) Garten genannt, waren die vier bekannten lateinischen Verse eingehauen. Zwar ist die älteste Quelle, der wir diese Nachricht verdanken, — die um 1345 durch Michael de Leone hergestellte s. g. Würzburger Hs. — keine gleichzeitige. Aber seine Angabe lautet sehr bestimmt: „de milite Walthero dicto von der Vogelweide, *sepulto* in ambitu Novi Monasterii Herbipolensis," und überdieß ist die ganze Nachricht durchaus unverfänglich und glaubwürdig, da sie keinem andern Zeugniss widerspricht und der Grabstein, wenn auch vielleicht die Schrift im Laufe der Zeit Noth gelitten hatte, noch im 17., ja noch zu Ende des vorigen Jahrh. in Würzburg vorhanden war.

Man hat daher bis zur Stunde dieser Nachricht allgemein vollen Glauben geschenkt, bis auf Einen: Wilhelm Grimm. Dieser geht zwar nicht so weit, dieselbe förmlich in Frage zu stellen; aber er wirft doch die Frage hin (Zeitschrift für deutsches Alterthum 1, 33), ob der Stein auch ein wirkliches, d. h. über der irdischen Hülle des Dichters errichtetes Grabmal, oder nicht etwa nur ein Denkmal war: ein Denkstein also, kein Grabstein, ihm, dem irgendwo sonst rastenden, von irgend einem seiner Verehrer zur Erinnerung dorthin gesetzt. Wilhelm Grimm hat es unterlassen, diesen Einfall mit Gründen zu unterstützen; ich habe daher auch keine zu widerlegen. Ist es aber (ich wiederhole hier zum Theil die schon bei einer andern Gelegenheit gemachten Einwendungen gegen solche willkürliche Annahmen: s. Germ. 2, 133), ist es, sage ich, schon an sich unwahrscheinlich, daß die Geistlichkeit des Neumünsterstiftes, zu einer Zeit, wo der Monumenteneifer noch nicht in der hohen Blüthe stand, wie in unseren Tagen, gestattet habe oder selbst darauf verfallen sei, dem Dichter in Würzburg, das in seinen Liedern gar keine Rolle spielt, in ihrem Kreuzgange, also einem richtigen Begräbnissorte, ein Denkmal zu setzen, so steht dem noch das klare, bestimmte, mehrfach überlieferte Zeugniss entgegen. Wir dürfen annehmen, daß die Männer jener Zeit so gut als wir im Stande waren, ein Grabmal von einem bloßen Denkmal zu unterscheiden; es steht aber ausdrücklich *sepultus* und *epitaphium*, nicht *monumentum*.

An Würzburg knüpfen sich für Walther noch andere, nicht zu überschende Erinnerungen. Jene von Gropp in seiner Geschichte des Neumünsterstiftes, S. 207, überlieferte Nachricht von der letzten Willensverfügung des Dichters, daß auf seinem Leichenstein täglich die Vögel gefüttert werden sollen (eine Vogelweide, die sich in der Folge zu einer Schnabelweide für die Chorherrn, nämlich in eine am Jahrestage Walthers unter diese zu vertheilende Anzahl von Semmeln verwandelte), diese Nachricht mag nur eine schöne Sage sein. Wichtiger ist die Thatsache, daß es im Anfang des 14. Jhd. in Würzburg einen Hof gab, der den Namen „zur Vogelweide" führte. Nach einer im Regierungsarchiv zu Würzburg befindlichen Urkunde (sie steht in einem Copialbuche des Domcapitels) haben im J. 1323 „Hermannus dictus Rote & Mechtildis uxor eius, cives Herbipolenses" Schulden halber an Ludwig den Pfarrer in Grünsfeld abgetreten, die „curia dicta *zu der Vogelwaide, *sita in civitate Herbipolensi im Sande, quam inhabitat Gotzo dictus de Steinach, cui ab una parte domus dicta Kelrespach, ab alia vero domus Lukardis, dictæ Wykerin, conterminant." In der auf denselben Verkauf bezüglichen Originalurkunde vom 27. Mai 1323, im k. Reichsarchiv zu München, heißt es weiter: „Hermannus & Mechtildis &c. redditus XV solidorum denariorum super curia dicta *zu der Fogilweide *pro undecim libris denariorum et quinque solidorum denariorum vendunt" (Reuß, Skizze S. 7). Reuß hat gefunden, daß der Hof in der jetzigen Elephantengasse, im Sandviertel, lag.

Diese Benennung kann nicht zufällig sein, d. h. sie muß eine historische Unterlage haben. Ob der Hof Walthern, dem in seinen spätern Jahren vom Kaiser mit einem Reichslehen begabten Dichter zu eigen gehört habe oder nicht, kann nicht bestimmt gesagt werden und mag unentschieden bleiben. Mit um so größerer Wahrscheinlichkeit darf man annehmen, daß Walther einst jenen Hof bewohnt und sein Leben dort beschlossen, und daß der Hof desshalb von ihm den Zunamen empfangen habe, wie das Haus zu Basel von Konrad von Würzburg, und so gewiss noch viele andere.

Also in Würzburg hat Walther gewohnt. Dort ist er gestorben und dort liegt er begraben; Zeuge dessen ist der Vogelweiderhof und das ihm dort errichtete Grabmal.

Durch diesen Nachweis erhält nun eines seiner schönsten Lieder, jenes prächtige (124): *Owê, war sint verswunden alliu mîniu jâr,* eine Bedeutung, die für die noch festere Begründung seiner fränkischen Heimat schwer ins Gewicht fällt.

Es gilt für ausgemacht, daß dieses Lied, in welchem er wehmuthsvoll auf sein langes, an Erlebnissen und Wechselfällen so reiches Leben zurückblickt, wenn nicht überhaupt sein letztes, doch gewiss eines seiner letzten ist. Nach langer Abwesenheit ist er in seine Heimat zurückgekehrt, alt und des ewigen Wanderns müde. Was er einst kannte wie seine Hand, die Leute und das Land, wo er seine Kinderjahre verlebt, sind ihm fremd geworden, als hätte er sie nie gekannt; kaum erwidern die einstigen Jugendgespielen, stumpf und alt geworden gleich ihm, seinen Gruß. Mit Schmerz denkt er an die seligen Tage seiner Kindheit zurück, die ihm zerronnen sind, wie ein Schlag ins Meer.

Unmöglich scheint es diese Schilderung auf Österreich zu deuten. Erstens haben wir gar keine Anhaltspunkte dafür, daß Walther sich in seinen letzten Jahren dort noch aufgehalten habe; sodann lag das ihm vom Kaiser übertragene Lehen, der einzige Trost seines Alters, überall sonst eher als in Österreich, und endlich war Walther in keinem deutschen Land öfter und länger als gerade in Österreich, wo er leicht den größten Theil seines Lebens zugebracht hat.

Umgekehrt fehlt es in seinen Liedern, mit Ausnahme jenes einen Spruches vom Nürnberger Hoftage, an allen Anspielungen, die auf einen frühern längern Aufenthalt in Franken schließen lassen. Kam er je dorthin, so geschah es gewiss nur flüchtig, im Gefolge hoher Herren, inmitten wichtiger politischer Verhandlungen, die seine ganze Theilnahme in Anspruch nahmen und keine Stimmung in ihm aufkommen ließen, um alte Jugendbekanntschaften zu erneuern oder aufzufrischen. Von Franken konnte er so reden, wie er that, nicht von Österreich.

Hier ist es Zeit auf die Frage, welcher Hoftag in jenem Spruche gemeint ist, zurückzukommen. Lachmanns und Wackernagels Ansichten hierüber habe ich oben mitgetheilt. „An den Hof König Heinrichs vom 23. Juni (1. Juli) 1224 darf man nicht denken, weil Walther damals wohl nicht mehr umher zog": Lachmann 84, 20. Wenn es aber vor allen andern gerade dieser Hoftag wäre, wie dann? Es ist etwas eigenes um Lachmanns Aussprüche: je bestimmter er sie fasst, um so mehr darf man auf der Hut sein, ihnen unbedingten Glauben zu schenken. So auch hier. Der Beweis scheint mir nicht einmal schwierig, daß der von Walther gemeinte Hoftag dieser und kein anderer ist.

Ich beginne mit dem zunächst in die Augen fallenden Umstand. Walther lobt in seinem Spruche 84, 17. das gute Gericht, das zu Nürnberg gehalten worden sei. Es muß ihm das als etwas bei Hoftagen nicht ganz Gewöhnliches, und darum besonders Erwähnenswerthes vorgekommen sein. Betrachten wir die von jenen vier Hoftagen Kunde gebenden Urkunden, so finden wir, daß nur auf einem Einzigen derselben Rechtssprüche gefällt worden sind, und dieser Einzige ist eben jener Hoftag im Juli 1224. Durch Urkunde vom 23. Juli bezeugt König Heinrich VII., es habe „in presentia nostra apud Nüerinperch in curia nostra sollempni, presentibus imperii principibus" der Erzbischof von Salzburg um gesetzliche Entscheidung der Frage angesucht, „an hominibus alicuius iter et acta et via in stratis regalibus et publicis quoad mercimonia sua deportanda et alias negociaciones faciendas a domino terre vel a quoquam alio valeat vel debeat interdici", welche dem Ausspruche der Reichsfürsten nach dahin erfolgt sei, daß dieß Niemand sich erlauben dürfe (Meiller Nr. 193. Böhmer S. 218). Also ein förmlicher, vom Reichsgericht ausgehender Rechtsspruch über eine Angelegenheit von allgemeiner öffentlicher Wichtigkeit. Ferner beurkundet K. Heinrich an demselben Tage einen zweiten von ihm ergangenen Rechtsspruch, wodurch dem Erzbischof Eberhard von Salzburg die Herrschaft Windisch Matrei, welche Graf Berthold von Graisbach angesprochen hatte, zuerkannt wird (Böhmer a. a. O. Nr. 59). Auf den drei andern Tagen von 1217, 1219, 1225 fanden kais. Belehnungen, Privilegienbestätigungen u. s. w. statt, aber von Rechtshandlungen wissen uns die Urkunden nichts zu erzählen.

Über die Entstehungszeit unseres Spruches sind wir damit völlig im Reinen. Sie lässt sich indess nach andern Seiten hin noch fester begründen. Der Ton des Spruches ist derselbe, in welchem die an den Erzbischof Engelbert von Köln gerichteten verfasst sind, und mit Recht betrachtet man ihn als diesem zu Ehren erfunden. Keine dieser Strophen (S. 84. 85) fällt erweislich vor 1220, in welchem Jahre Engelbert von K. Friedrich zum Reichsverweser und Pfleger seines Sohnes ernannt wurde. Auch die Mahnung an die Rathgeber des Landgrafen Ludwig von Thüringen nicht. Mit der Erklärung Wackernagels (Walther 2, 184) bin ich nicht einverstanden. Erstens berechtigt uns nichts, aus dieser Strophe auf Walthers erneuten

Aufenthalt in Thüringen zu schließen: ein solcher Zuspruch konnte auch, und besser, aus der Ferne geschickt werden; zweitens scheint mir die Mahnung, er solle *unstimic* sein, nichts anderes als eine Aufforderung sich dem Kreuzzuge Friedrichs anzuschließen, eine Aufforderung, welcher Ludwig später, 1227, wirklich entsprach.

Unser Spruch ist, wie gesagt, im Engelberts-Ton gedichtet: schon dieß würde verbieten, ihn vor 1220 zu setzen. Auf jenem Nürnberger Hoftag von 1224 war auch Engelbert anwesend (auf den andern nicht), unter seinem Vorsitze fand das Gericht der Reichsfürsten statt, und daß es ein *guot gerihte* war, dafür bürgt der bekannte rücksichtslose Rechtssinn des Kölner Erzbischofs, der ihm die Freude und Bewunderung der Gutgesinnten, aber auch den Haß der Bös willigen erwarb, und dem er durch die Hand seines eigenen Neffen im Nov. 1225 zum Opfer fiel. Das Lob des guten Gerichts ist ein Compliment für Engelbert. Anderes mochte ihm dort weniger gefallen; aber der oft erprobten Freigebigkeit seines alten Gönners Leopold konnte er rühmend gedenken, wenn schon kein Verhältniss mehr zwischen ihnen bestand; zudem geschah es auf Kosten der fränkischen Fürsten, daß er ihn lobte.

Im J. 1224 ist Walther allerdings nicht mehr umhergezogen; er hatte das kaiserliche Lehen, das ihn des Wanderns überhob. In Betreff der Freigebigkeit verweist er in unserem Spruch die Fragenden an das fahrende Volk, zu dem er sich selbst also nicht mehr rechnet. Natürlich konnte dieser Umstand, auch wenn er um diese Zeit sich schon in Würzburg festgesetzt hatte, für ihn kein Hinderniss sein, dem Hoftage in Nürnberg, wohin es von Würzburg eine Tagreise ist, anzuwohnen. Ihn überdieß hier in der Umgebung Engelberts von Köln zu finden, den er so hoch preist und zu dem er offenbar in nähern Beziehungen gestanden hat, darf zumal nicht wundern. Nicht als Fahrender hat er am Nürnberger Hoftag Theil genommen, wahrscheinlich in anderer Eigenschaft (wohin auch der Ausdruck 84, 15 *swenn ich von hove rîte* deutet) und zwar als Erzieher des damals etwa zwölfjährigen König Heinrichs (vgl. Stälin 2, 166). Ich erblicke nämlich in dem von mir geführten Beweis, daß unser Spruch dem Hoftag von 1224 gilt und Walther sich hier in nächster Umgebung des jungen Königs und dessen Pflegers, des Reichsverwesers und Erzbischofs Engelbert bewegt, die volle Bestätigung der von Anton Daffis in seiner hübschen kleinen Schrift (Zur Lebensgeschichte Walthers von der Vogelweide. Berlin 1854) dargelegten feinen und scharfsinnigen Untersuchungen, wonach Walther etwa von 1220—1224 Erzieher und Zuchtmeister König Heinrichs VII. war, und dann, von der Unmöglichkeit den unbändigen Fürstensohn zu ziehen, überzeugt, sein Amt niedergelegt und die Sprüche 101, 23, — 102, 23 zur Rüge Heinrichs gedichtet hat. Auch das stimmt vortrefflich, daß Daffis (S. 20) die Trennung ins Jahr 1224 setzt. Der Bruch kann schon während des Hoftages in Nürnberg oder auf der Weiterreise in Würzburg, wo der König zu Anfang August verweilte (s. Böhmer nr. 62. S. 210), stattgefunden haben.

Durch unsern Spruch sehen wir uns also mit Walther zu bestimmter, historisch erweisbarer Zeit, und zwar in den letzten Jahren seines Lebens nach Franken versetzt. Das ist für die vorausgegangene Beweisführung von erheblicher Wichtigkeit. Ob er in Würzburg blieb, weil dort das Zerwürfniss vorfiel, oder ob er dort wegen des in der Nähe gelegenen Lehens seinen Aufenthalt nahm, ist nicht zu sagen und ist auch gleichgiltig, indem auch ohne solche Veranlassung die Wahl gerade von Würzburg eine genügende Erklärung leicht findet. Ist es doch tief in der menschlichen Natur begründet, daß der auf der hohen See des Lebens wie ein Spielball Umhergetriebene, ermüdet, unbefriedigt und vielfach getäuscht, zuletzt gerne wieder dem stillen Port der Heimat zulenkt, um schließlich nach all den Mühsalen und Beschwerden dort, auf der Stätte der Geburt, das müde Haupt niederzulegen und die Ruhe zu finden, die ihm die Ferne und Fremde nicht gewährt hat. Auch Walther fand hier die Ruhe, die er anderswo vergebens gesucht hatte, er fand sie unter der schattigen Linde im stillen Klosterhof seines Heimatlandes.

Gewiss hat Franken vor allen deutschen Ländern das gegründetste Anrecht, Walther von der Vogelweide den Seinen zu nennen; Österreich dagegen bleibt ungeschmälert der größere Ruhm, dieses ungemeine Talent gebildet und zur vollen Reife gebracht zu haben.

Nachdem wir Walthers Heimat, soweit das mit Hilfe der vorhandenen Quellen möglich ist, sichergestellt haben, wenden wir uns zu der Frage über sein Geschlecht und seinen Geburtsort. „Ihm ein anderes Geburtsland (als Österreich) zu suchen, ist grundlos, und ist unnütz, wenn man ein altes Geschlecht von der Vogelweide doch nirgend nachweisen kann." So Lachmann zu 124, 7., und Wilh. Grimm (über Freidank S. 3): „Da es kein Geschlecht gab, das von der

Vogelweide hieß, so mag auch Walther (gleich Freidank) einen dichterischen Namen angenommen haben." Der Eine sagt, man könne kein solches Geschlecht nachweisen, der Andere, es habe keines gegeben. Es ist doch etwas schönes um den logischen Fortschritt, um wissenschaftliche Schärfe und Bestimmtheit. Zugleich zeigen die Worte Lachmann's Demjenigen, der es etwa nicht schon weiß, auf welch zarte Weise die deutschen Philologen zum Weiterforschen und Vorwärtsstreben aufgemuntert werden.

Allerdings ist es ganz richtig, daß außer Walther ein altes Geschlecht von der Vogelweide nirgends nachgewiesen ist: weder eine Burg dieses Namens hat sich bis jetzt gefunden, noch urkundliche Nachweise über dieß Geschlecht, und einsam steht unser Dichter da in der Geschichte, scheinbar ohne Vorfahren, er selbst ohne Nachkommen. Aber was will das sagen? Ist man durch diesen Umstand irgendwie berechtigt, die Existenz eines Geschlechtes, das sich von der Vogelweide nannte, zu leugnen? Ich halte dessen keinen Historiker für fähig, der da weiß, wie viele alte Documente nur durch Zufall erhalten, wie viele andere, einst nachweisbar vorhandene, nun verloren sind, und wie viele edle Geschlechter wirklich bestanden haben, ohne daß uns davon eine einzige Urkunde Nachricht gibt.

Je reicher, mächtiger und weitverzweigter ein Geschlecht war, desto reicher werden in der Regel die Quellen seiner Geschichte fließen. Umgekehrt sind im Mittelalter gar manche Familien des niedern und unbegüterten Adels gekommen und gegangen, ohne irgend eine schriftliche Spur ihres Daseins hinterlassen zu haben; denn der Grundbesitz, dessen fortwährender Tausch und Kauf und Verkauf ist es, der die Hauptgrundlage der Familiengeschichten bildet. Eine Familie, die damit spärlich bedacht war, und sich nicht irgendwie sonst, in der Litteratur, im Felde oder im Staatsleben einen Namen gemacht, wird auf den Blättern der Geschichte wenig oder keinen Raum einnehmen, damals wie noch heute, und es ist unhistorisch und unwissenschaftlich, auf den bloßen Mangel urkundlicher Nachweise hin die wirkliche Existenz eines Geschlechtes zu bestreiten, oder auf Pseudonymität zu schließen, die im heutigen Sinne das Mittelalter gar nicht gekannt hat.

Walther war von edler Geburt und hat in dieser Eigenschaft (denn er selbst besaß bis 1220 nichts, wonach man ihn hätte nennen können) einen angeerbten Geschlechtsnamen geführt: von der

Vogelweide; „miles dictus von der Vogelweide" heißt es in jener Nachricht des Michael de Leone, „unsers sanges meister, den manê von der Vogelweide nande," in dem schönen Nachrufe des Truchsäßen von St. Gallen (Walther 108, 5). Vornehm und reich kann die Familie, der er entstammte, nicht gewesen sein, denn er war arm und ohne Besitzthum, wie er uns selbst sagt, und lebte durch seinen Gesang von der Milde hoher Herren. Daß er nur dem niedern Adel angehörte, auf welchen er gleichwohl stolz war, hat er selbst in einem seiner Lieder 66, 27 angedeutet:

sô bin ich doch, swie nider ich sî, der werden ein.

Wahrscheinlich war er der nachgeborne, jüngere Sohn eines wenig begüterten Dienstmannes oder Ministerialen, sei es der Bischöfe von Würzburg oder einer hohen fränkischen Adelsfamilie, der bei Würzburg ein kleines Lehen, die Vogelweide, besaß, ein Lehen, dessen Ertrag nicht hinreichte, seine erwachsenen Söhne zu ernähren. Vielleicht verhält es sich noch anders, und Walthers Vater war Falkenmeister (wie denn gerade solche Ämter oder Verrichtungen den Dienstmannen übertragen wurden), Aufseher oder Verwalter eines in Franken gelegenen fürstlichen oder bischöflichen Geflügelhofes, einer Vogelweide, wovon er den Zunamen erhielt und führte.

Wie immer es sich jedoch mit Walthers Vorfahren verhalten mag, soviel ist sicher, daß der Name „von der Vogelweide" ein wirklicher, von einer Localität hergeleiteter Zuname ist, so gut als jeder andere, und daß es Walthern so wenig als irgend einem seiner Zeitgenossen beigefallen ist, sich einen dichterischen Namen zu erfinden. Das wird und muß Jedem klar werden, der die allmäliche Entstehung und Ausbreitung der deutschen Geschlechtsnamen vom 11. Jahrhundert an historisch betrachtet.

Mit der steigenden Bevölkerung und Zahl der Freien (sagt Hüllmann in der Geschichte des Ursprungs der Stände in Deutschland S. 430) wurde die Einführung von Geschlechtsnamen dringendes Bedürfniss. Das Gedächtniss erlag in Unterscheidung und Bezeichnung der einzelnen Freien. Nicht die Geschlechter und Familien kamen auf den Einfall, den Personennamen Ortsnamen beizufügen, sondern der große Haufe war es, der sich die Unterscheidung des Einzelnen, der zahllosen *Knonrâte* und *Heinrîche* etc. dadurch erleichterte. Vom Volke wurden sie als unterscheidende Merkmale der Familie beigelegt. Meist war es der Geburtsort, das zunächst liegende und natürlichste Merkmal der Unterscheidung, von welchem die Geschlechtsnamen ertheilt wurden; der Grundbesitz mehr nur insofern, als derselbe gewöhnlich zugleich Heimat und Geburtsort war. Wenn das Gehöfte, das Stammhaus, in welchem Jemand geboren war, dem zuerst ein Geschlechtsname begelegt wurde, und das häufig als Eigenthum oder als erbliches Dienst- oder Lehensgut dem Stamme gehörte, vereinzelt lag, ohne selbst von großem Umfang zu sein oder zu einem geschlossenen namhaften Dorfe zu gehören, so ward der Name von dem Örtlichen, den Umgebungen, den unterscheidenden Merkmalen entnommen. Z. B. Walterus de Berge (1194), de monte Claro (1195); Wilhelmus de Nigro monte (1232); Everhardus de Steina (1075); Eberhardus de Lapide (2232); Wolframus de Petra (1158); Herbrandus de Rupe (1238); Arnoldus de castro Rupis (1194); Arnoldus ad Quercum (1210); Petrus de Eich (1277); Cunradus de Arbore Rosarum [vome Rôsenboume] (1251); Cunradus de VII fontibus; Diepoldus de cespite [vome Wasen] (1189) u. s. w. Wo nun sind die Wohnsitze dieser Geschlechter? Die wenigsten können nachgewiesen werden: sie sind verschwunden gleich den Besitzern. Dennoch waren es wirkliche, nach ihren Geburts- oder Wohnorten genannte Familien. Fast alle kommen urkundlich nur einmal vor, und es ist der bloße Zufall, der ihre Namen zu uns gerettet hat, die eben so gut gleich Tausend andern ihres Standes für immer verloren sein könnten.

Ich führe noch ein ganz analoges Beispiel an, den Namen des Vaters der höfischen Poesie, Heinrichs von Veldeke. Derselbe wird verschieden geschrieben: *Veldiche, Veldich, Veldeg, Veldegge, Veldecke* etc., aber auch *Veldecken* (so die Gothaer Hs. der Eneit, die Münchner und Heidelberger Hss. des Tristan), *Veldichen* (so die Stuttgarter und Haager pap. Hs. des Wilh. v. Orlens, und ursprünglich auch die Eibacher [14. Jhd. pap. fol.] der Eneit) und *Veldekîn*. Diese letztere Form ist sichergestellt durch den Reim auf *mîn* in Reinbots hl. Georg 693. und erscheint auch in der Wiener Hs. des Tristan, sowie in einer von Lachmann mit g bezeichneten Hs. des Parz. 292, 18. 404, 29. und außerdem in der St. Galler Hs. (K) des Wilhelm 76, 25: *Felkin*. Welches ist nun die richtige, die ursprüngliche Form? Die allgemein angenommene ist *Veldeke* (*Veldegge*, wie in des Minnesangs Frühling steht, ist natürlich nur die alamannische Schreibweise, wie sie allerdings zu der in jener Bearbeitung befolgten vortrefflich passt); aber nur *Veldekîn* oder *Veldeken* scheint mir die echte, der Mundart und Heimat des Dichters angemessene Form zu sein (vgl. Grammatik 3, 678). Was bedeutet das Wort? Nichts anderes als Feldchen (vgl. auch Lachmanns Auswahl S. IV), und in letzterer, geschwächter Gestalt erscheint es in einem niederrheinischen Glossar des 13. Jhd.: agellus, *veldeken* (s. Graff, Diutika 2, 199). Also nur ein bescheidenes Grundstück, ein kleines Gütchen war es, von dem Heinrich seinen Namen empfieng: *vome Veldekin, -ken*. Wo es lag oder ob es noch existiert, wer weiß das zu sagen [1])? Zwar hat Mone in seinen Quellen und Forschungen, S. 252, aus dem Hausbuche der Abtei St. Truyden (St. Tron in Belgien) die Notiz beigebracht, daß Abt Wilhelm im J. 1253 einem „domino Henrico de Veldeke, militi," ein jener

---

[1]) Das ist nun durch Bormans in seiner so eben erschienenen Ausgabe von Heinrichs Servatius geschehen. J. Grimm hat die Güte mir aus dem mir noch unzugänglichen Buche Folgendes mitzutheilen: „Jener jüngere Henricus de Veldeke erscheint noch in andern Urkunden von 1254, 1256. Bei Spalbeke liegt die „Velleeck molen", moulin de Velleck, das Volk sagt „Velker molen." Spalbeke liegt nordöstlich von Hasselt, die Mühle in der Gemeinde Kermpt (hinter Mastricht), auf der Grenze von Spalbeck und Lummen. Außer dem Henricus ist auch ein Arnoldus de Veldek genannt. Die von Veldeke waren Vasallen der Grafen von Loz und der Servatius wurde gedichtet auf Bitte der Gräfin Agnes von Loen. Loen ist die flämische Form des Namens Loz." Was die Vasallenschaft des Dichters angeht, so möchte ich erst das Gedicht und die betreffende Stelle kennen lernen, bevor ich daran glaube. Heinrich hat die Eneit auf den Wunsch einer Gräfin von Cleve gedichtet, ohne ihr Dienstmann zu sein. Jedenfalls beweisen jene jüngern Veldeker wie gesagt nur, daß der Dichter Nachkommen hatte: ohne diese würden wir über sein Geschlecht gerade so viel wissen als von demjenigen Walthers, d. h. nichts. Und selbst jene Mühle, die ihren Namen führt, beweist nicht, daß dort ihr Stammhaus wirklich lag: sie kann leicht erst von dem jüngern Heinrich auf der „terra inculta," die ihm in der Urkunde von 1253 verliehen wurde, erbaut und erst nach ihm, als dem Besitzer, so genannt worden sein (daher die „Velker molen", d. i. die Mühle der Veldeker, der von Veldeken). Eine Burg Veldeke stehe nicht mehr, sagt Bormans ferner, scheine aber noch 1365 vorhanden gewesen zu sein. Auch diese wird, falls sie überhaupt mehr war als Schein, von den jüngern Gliedern des Geschlechtes aufgebaut sein: über den Dichter, seinen Namen und seine Vorfahren giebt all dieß nicht den mindesten Aufschluß, so dankenswerth diese Mittheilungen nach anderer Seite hin sind.

NACHSCHRIFT. Noch in der letzten Stunde erhalte ich Bormans Ausgabe selbst (Maestricht 1858) und kann daher noch ein paar Worte beifügen. Mit Vergnügen sehe ich, daß meine obige Vermuthung über die richtige Namensform durch die Handschrift des Servatius bestätigt wird: *in dutschen dichtede dit Heynryck, die van Veldeken was gheboren*. Meine Zweifel waren übrigens sehr berechtigt, sowohl was die Vasallenschaft als die alte Burg betrifft, die ein bloßes Luftschloß ist. Doch darüber und über Anderes in dieser Ausgabe bei nächster Gelegenheit. 16. Dec. 1859.

Kirche gehöriges Grundstück bei Spalbeke als Lehen übertrug. Allein es ist nicht gesagt, welchen Namen jenes Grundstück führte, und auf keinen Fall ist durch dieß Vorkommen eines gleichnamigen Sohnes oder Enkels der Geschlechtsname sicherer begründet, als er es durch den Namen des Dichters ohnehin schon war. Höchstens kann man daraus schließen, daß Heinrich verheiratet war und Nachkommen hatte, was von Walther nicht bekannt und auch unwahrscheinlich ist.

Betrachten wir nun, auf diese Weise vorbereitet, den Zunamen unseres Dichters, so wird er uns zwar ebenfalls poetisch, dichterisch, als ein wahrer Sängername erscheinen; aber in anderm Sinne als Wilhelm Grimm: er hat nach dem Gehörten nichts Befremdliches mehr für uns, wir finden es ganz natürlich, daß man Jemand nach einer Vogelweide nennt, wie Andere nach einem Fels, Baum, Rasen oder Feld, und wir werden den Namen nicht für willkührlich gefunden halten, weil er zufällig in keinem alten Pergament verbrieft und besiegelt ist.

Fogilweida bedeutet im Althochdeutschen aviarium, einen Ort also, wo Vögel, vielleicht auch zahme für die fürstliche Tafel, namentlich aber wilde, für die Jagd abgerichtete oder abzurichtende, gehegt werden; aber auch den Ort, welchen die Vögel zu besuchen und zu ihrem Aufenthalt zu machen pflegen (vgl. Graff 1,775. mhd. WB. 3, 553. Schmeller 4, 27). Später scheint man, wie mit dem Wort *weide* überhaupt, den Begriff von Vögeljagd und sogar von Federspiel damit verbunden zu haben. „Die Kinder der Welt meinen in den Himmel zu kommen mit Wohlessen und -Trinken, *mit hunden, mit vogelweide, mit schönen pferden*" &c. (Leysers Predigten S. XXX). Im Codex dipl. Moraviæ 6, 338 (Brünn 1854, 4: Urkunde von 1338): „item venationes et *vogilweide* circum civitatem eidem Tyczkoni et suis heredibus concedimus jure pleno". Und im Ackermann aus Böhmen Cap. 3: „*von Vogelwaid ist mein pflug.*" Vgl. Schmeller 4, 27. Frisch 2, 405. Wie *vogelweide*, so gab es auch *gansweide* und *stuotweide* (s. Schwäbisches Eheverlöbniss: Wackernagels L. B. 1, 189). Ersteres diente auch zur Bildung eines Geschlechtsnamens: ein „Heinricus dictus *Gansweide*" testiert in einer Urkunde vom 25. Juli 1299 (Mone's Zeitschrift 4, 432).

Es hat überhaupt durchaus nichts Auffallendes das Wort Vogelweide als Orts- und dann als Geschlechtsnamen gebraucht zu sehen. Der mit Vogel componierten Namen giebt es überall in Deutschland eine große Menge. Nirgends kommen sie häufiger vor als in Baiern. Dort giebt es jetzt noch: Vogelaich, -bach (2mal), -berg (4), -brunn, -bühel, -dorn, -egg (2), -haag, -mühle (4), -öd (4), -ried (3), -sang (19), -anger, -stütt, -stein, -stock, -thal (2), -wald, -than, -wehe und -wohl. Ja nicht bloß ,solche allgemeine, sondern dem Vogelweide ganz analoge Namen: Vogelau (2), Vogelgarten, Vogelheerd (8), Vogelhof (4). Die Mehrzahl dieser Orte liegt im baierischen Franken: dort scheint also diese Benennung von jeher eine beliebte gewesen zu sein. Es sind aber alles keine Dörfer, sondern vereinzelte, zerstreut liegende Weiler, Höfe, s. g. Einöden, in der Regel mitten im Walde.

Auch unter dem Vogelweide, von welchem Walthers Vater oder Großvater den Namen erhalten, haben wir uns also keine große Besitzung oder gar einen hochgethürmten Ahnensitz, sondern ein einfaches Gehöfte in einer Lichtung des Waldes zu denken. In dieser stillen, nur vom Gesange der Vögel unterbrochenen Waldeinsamkeit mag Walther seine Kindheit verlebt, und dort, im Verkehr mit den gefiederten Bewohnern, sei es des väterlichen Hauses oder des umgebenden Gehölzes, mag die Lust zum Gesange in dem zarten kindlichen Herzen zuerst geweckt worden sein. Als dem heranwachsenden Jüngling das kleine Besitzthum seines Vaters keinen Raum mehr bot, zog er hinaus in die Fremde, auf die hohe Schule des Gesanges nach Österreich, wo er, wenn auch keine bleibende Stätte, doch die gesuchte künstlerische Bildung und an dem glänzenden Hofe der Babenberger zu wiederholten Malen freundliche Aufnahme fand.

Daß sich der Name des Ortes (wie viele solcher Orte sind nicht untergegangen und spurlos verschwunden!) nicht erhalten hat, kann Zufall sein, oder ist vielmehr kein Zufall. Denn als Walther am Abende seines Lebens wieder in sein Heimatland zurückkehrte, fand er alles verändert: *vereitet ist daz velt, verhouwen ist der walt*, nur das Wasser floß, wie es ehedem geflossen (124, 11). Das heißt mit andern Worten: das Vaterhaus stand nicht mehr, das Feld war ausgebrannt, der Wald, der beides einst umgeben, war gelichtet, ausgerodet: er stand als ein *gast*, als ein Fremder, auf der einst heimischen Stätte.

II.
ZUR ERKLÄRUNG SEINER LIEDER.

Der vorstehenden Untersuchung über Walthers Heimat und Geschlecht lasse ich einige kritische Versuche zur Herstellung der noch vielfach verderbten Liedertexte folgen. Hiebei denke ich nicht daran, einen Vorwurf gegen Lachmann desshalb erheben zu wollen, daß in seiner Ausgabe nicht Alles ist, wie man es wünschen möchte. Er hat für den Text gethan, was er konnte, und wenn ich meine Meinung sagen soll, so halte ich seine Bearbeitung des Walther für seine beste und verdienstlichste Arbeit; gewiss war sie, in Anbetracht der unzuverlässigen Hilfsmittel, die schwierigste. Wen ich aber tadle, sind Lachmanns unmittelbare Schüler: an ihnen war es, statt im staunenden Anblick dieser Ausgabe verloren die Hände in den Schoß zu legen, das Werk ihres Meisters weiter zu führen und dadurch, durch den Ausbau des von ihm Begonnenen, zu zeigen, daß ihnen sein Andenken wirklich heilig ist. Aber nicht nur, daß sie, vor lauter Bewunderung, selbst nichts gethan, sie haben auch Andere davon zurückgeschreckt, durch das Aushängen der bekannten Warnungstafeln. Zwar für Beleuchtung und Feststellung des Geschichtlichen in Walthers Liedern ist in neuerer Zeit Beachtenswerthes, Lachmanns Ansichten vielfach Berichtigendes geleistet worden; aber nicht von jener Seite: es waren zumeist Historiker, nicht Philologen, die sich der Mühe unterzogen und der Erklärung unseres größten Lyrikers Fleiß und Nachdenken gewidmet haben. Von diesen letzteren ist seit der zweiten Ausgabe (1843) an Lachmanns Text, mit Einer rühmlichen Ausnahme, kaum gerührt worden: ich meine W. Wackernagel, der in der neuen Auflage seines altd. Lesebuches durch eine Reihe feiner und scharfsinniger Verbesserungen gezeigt hat, welcher Nachhilfe Lachmanns Bearbeitung überall noch bedürftig ist.

Ich beginne mit dem Leich S. 3—8, 3. Derselbe ist uns zwar in vier Handschriften, der Pariser, Heidelberger nr. 341, einer Wiener und der Koloczaer überliefert, aber die drei letzteren haben, da sie deutlich aus derselben Quelle geflossen sind, im Ganzen nur die Geltung Einer Handschrift. Der Text ist in beiden Überlieferungen vielfach zerrüttet und es bedurfte Lachmanns kritischer Kunst, um ihn so herzustellen, wie wir ihn in seiner Ausgabe lesen. Gleichwohl scheint noch manche Nachbesserung nöthig; diese kann theils durch Conjectur, theils mit Hilfe der Hss. kl geschehen, deren Lesarten Lachmann in ihrem Werthe nicht überall richtig erkannt hat.

3, 1—97.
> *Got, dîner trinitâte,*
> *die ie beslozzen hâte*
> *dîn fürgedanc mit râte,*
> *der jehen wir, mit driunge*
> *diu drîe ist ein einunge.*
> *Ein got der hôhe hêre,*
> *sîn ie selbwesende êre,*
> *verendet niemer mêre,*
> *der sende uns sîne lêre.*

Der Text und mehr noch die Interpunction erweckt allerlei Bedenken. Es ist auf den ersten Blick klar, daß nach *einunge* kein Punct stehen darf, sondern nur ein Komma, und daß hier, wie häufig in diesem und andern Leichen der Satz und Sinn von einem Gebände ins andere übergeht. *dîner trinitâte — jehen wir* (wir bekennen, daß sie wirklich ist, wir glauben daran): *mit driunge diu drîe ist ein einunge, éin got, der hôhe hêre.* Die ganze Stelle ist nichts anderes als die poetische Umschreibung einer Stelle aus dem apostolischen Glaubensbekenntniss. *ih glouba, daz die dria genennida ein uuariu gotheit ist diu dir io uuas ane anagengi unde iomer ist ane ente* (Maßmann, die deutschen Abschwörungs-, Glaubens- &c. Formeln S. 74[a]); *unt gelôb die trî kenennede einin wâren got u. s. w.* (ebd. 74[b]); *ich geloube, daz die drîe namen — ein wârer got ist, der ie was und iemer ist ân anegenge und âne ende* (ebd. 81. 82); *und gloube daz die drî gnende ein wârir got ist, der dir ie was ân anegenge und iemer ist ân ende* (Spec. eccl. ed. Kelle S. 3). Falsch ist das Komma nach *êre* und nach *mêre* gehört ein Punct.

Verderbte Lesart ist *sîn* V. 7; kl haben dafür *dîn*, es ist wohl *des* zu lesen, welches in den Hss. oft mit *sîn* und *dîn* verwechselt wird. Auch V. 9 *der sende uns sîne lêre* ist unrichtig. Gott wird zu Anfang und in der Folge apostrophiert, es ist daher mit kl zu lesen: *nû sende uns dîne lêre.* Also:

> *Got, dîner trinitâte,*
> *die ie beslozzen hâte*
> *dîn fürgedanc mit râte,*
> *der jehen wir: mit driunge*
> *diu drîe ist ein einunge,*
> *Ein got, der hôhe hêre,*
> *des ie selbwesende êre*
> *verendet niemer mêre.*

nû sende uns dîne lêre:
uns hât verleitet sêre u. s. w.

mit drîunge diu drîe ist ein einunge, d. h. mit oder durch Verdreifachung ist die Dreiheit eine Einheit; darin liegt etwas Spitzfindiges und Geschraubtes, das Walthern sonst nicht eigen ist, und man wird versucht, hier an Verderbniss zu denken. *diu drîe ist ein einunge* genügt vollkommen und entspricht ganz der professio fidei. *der trinitâte jehen* heißt profiteri trinitatem und drückt daher das lat. credo nicht vollständig aus. Dieß würde der Fall sein, wenn man läse: *der jehen wir mit triwunge* oder *trûunge*: die bekennen wir mit Vertrauen, mit voller Zuversicht, wir glauben an sie; das folgende ist dann die nähere Bezeichnung dessen, was wir in Bezug auf die Trinität glauben. *triwunge* kann ich zwar nicht nachweisen, aber *getrûwunge* und *vertrûwunge* kommt in den Mystikern vor (I. 30, 9. 150, 30), und an der Möglichkeit des einfachen *triwunge* ist nicht zu zweifeln.

nû sende uns dîne lêre] *nû* steht hier im Sinne von: daher, deßhalb: wir glauben an dich und deine Trinität, darum lehre uns, wie wir dem Teufel widerstehen.

4, 2—12. Daß dieß dem Nibelungenvers entsprechende Langzeilen und daher auch ebenso abzutheilen sind, hat schon Bartsch Germ. 2, 260 bemerkt; ich möchte aber demgemäß die letzte Halbzeile mit vier Hebungen: *diu maget unde muoter was* lesen (nicht *magt und muoter*).

4, 19—22.   *daz was diu reine*
magt alleine,
diu mit megetlicher art
kindes muoter worden ist.

Mit Ausnahme des gleich zu besprechenden Abschnittes 4, 32—5, 3 ist das Versmaß des Liedes überwiegend jambisch; es werden daher die einzelnen wenigen Zeilen, die trochäisches Versmaß zeigen, darnach zu ändern sein. Es kann überall ganz ungezwungen geschehen. An ein paar Stellen, 3, 2. 4, 24, hat es schon Lachmann gethan. Es ist also in vorstehender Stelle entweder *diu magt alleine* und statt *mit*] *in ir* zu lesen oder man hat *reine : alleine* als Binnenreime zu betrachten. Z. 22 lautet in kl: *ir kindes muoter*, also wohl *ie kindes muoter*: das war die reine Jungfrau, die Einzige, die in jungfräulichem Zustand jemals Mutter eines Kindes geworden ist.

4, 32—5, 3.
Salomônes
hôhes trônes
bist dû, frouwe, ein seldø hêre und ouch gebieterinne.
35 *balsamîte,*
margarîte,
ob allen magden bist dû, maget, ein maget, ein küniginne.
gotes amme,
ez was dîn wamme
40 *ein palas kleine,*
dâ daz reine
lamp alleine
lac beslozzen inne.

Auch hier haben wir Binnenreime, was aufs bestimmteste aus den Zeilen 38—40 hervorgeht, die, wie sie hier stehen, nicht gelesen werden können. Die letzten Verse sind überdieß verderbt und aus der zerrütteten Überlieferung, wie mir scheint, nicht richtig hergestellt. Ich lese:

balsamîte,   margarîte,   ob allen magden bist dû, maget, ein maget,
ein küniginne.
gotes amme, ez was dîn wamme ein palas, dâ daz lamp vil reine
lac beslozzen inne.

margarîte, amme, wamme mit Elision.

5, 9. lies *daz lamp daz ist*
das zweite *daz* fehlt in den Hss. und bei Lachmann.

5, 21. lies *gelîchest* statt *glîchest*.

22. lies mit Benutzung der Lesart von kl:
die got begôz mit sînem himeltouwe.

vgl. *Gêdéon nider spreit er ein lampvel: daz himeltou die wolle betouwete almitalle: alsô chom dir diu magenchraft* Melker Marienlied 31. *himeltou* ist hiefür der stehende Ausdruck (vgl. Grimm gold. Schmiede XXXIV, 30. XXXV, 1—8). Wir haben dann hier den erweiterten Reim, dem Walther auch sonst nicht abhold ist.

5, 23—26.   *ein wort ob allen worten*
beslôz dînr ôren porten,
daz süeze an allen orten
dich hât gesüezet, süeze himelfrouwe.

Hier ist zweierlei auffallend: die bei Walther sonst nicht vorkommende Kürzung *dînr,* mehr noch *beslôz. besliezen* bedeutet stäts schließen, zuschließen, während man hier das Gegentheil erwartet. Lachmann meint, es könnte ursprünglich *brach diner ôren porten* geheißen haben. Aber einer so kühnen Conjectur bedarf es nicht, da kl das Richtige nahe legen. Sie lesen *entslozzen*, also *entslôz. entsliezen*, aufschließen, öffnen gewährt hier den passenden Sinn, und statt *dinr* ist *dins* zu lesen, eine bei allen Dichtern, auch bei Walther, ganz gewöhnliche Kürzung. Aber auch sonst ist bloß der Gen. Sing. *dins ôren* das richtige. Nach einer im Mittelalter ganz verbreiteten Vorstellung empfieng Maria das Wort durch ihr Ohr (nicht beide Ohren); durch das Thor ihres Ohres kam die Taube, der hl. Geist, in ihr Herz geflogen; darum heißt sie auch *beslozzeniu borte entân* (aufgethan, geöffnet) *deme gotes worte* Melker Marienlied (Wackernagel 4. Ausg. 165); *jâ wurde dû swangir von worte: dir cham ein chint, frowe, dur dîn ôre* (ebd. 261). *dir brâhte ein engel sînen gruoz verre ûz der himel kôre; der want sich durch dîn ôre zuo dîner brûste reine gold.* Schmiede 1278 ff. und Walther selbst 36, 35: *er sprach zuo ir avê daz minnecliche grüezen: durch ir ôre enpfienc si den vil süezen, der ie ân anegenge was und muoz ân ende sîn.* Vgl. noch *daz dû woltest entsliezen die verrigelten porten* Kindheit Jesu ed. Feifalik 14, 15. *dîn heilic ôre entslozzen ist gein sîner stimme zaller frist* Lobgesang auf Christus Str. 66, 11. *nû lâz uns entsliezen dîne milten güete* Zeitschrift 8, 301.

Statt 25 *daz süeze* lese ich *des süeze*, dessen Süßigkeit.

5, 27. *Daz ûz dem worte erwahsen sî*, wohl besser mit kl *swaz*.

5, 29. *ez wuohs von gote und wart ze man?*

5, 30. *ein* fehlt kl, lies: *dâ merket alle wunder an.*

6, 4 lies *noch hie noch dort genesen*, des Metrums wegen, vgl. Walther 81, 32. *noch sêle noch den lîp* und mhd. WB. 2, 405ª.

6, 9. Das hier nach *hât* gesetzte Fragezeichen würde besser am Ende des causalen Nachsatzes Z. 11 nach *grunt* stehen.

6, 13. Statt des aus C in den Text aufgenommenen

dem wîsen ist daz allez kunt

würde ich die Lesart kl vorziehen

uns ist daz allen vil wol kunt;

wir wissen alle (nicht bloß die Weisen, Einsichtsvollen) sehr gut, daß nie eine sündige Seele gerettet werden kann, es sei denn, daß sie von Grund aus bereut, gründliche Reue gefunden habe. Diese aber fehlt uns.

6, 22. lies *gewære riuwe* aus metrischen Gründen; vgl. *gewæren riuwen got enphât* Boner 34, 43. wahrhafte, aufrichtige Reue.

6, 32—87. Hier wieder Binnenreime, was aus Z. 35. 36 erhellt:

In dürstet sêre   nâch der lêre   als er von Rôme was gewon:
der im die schancte   und in dâ trancte,   als ê dâ wurde er
                                            varnde von.

7, 3. lies *kristéntuom unde kristenheit* mit versetzter Betonung.

7, 11 ff. *swelch kristen kristentuomes giht*
         an worten, unde an werken niht,
         der ist wol halp ein heiden.
         daz ist unser meiste nôt:
         daz eine ist án daz ander tôt,
         nû stiure uns got an beiden u. s. w.

daz ist unser meiste nôt scheint hier unpassend und mit dem Vor- und Nachgehenden nicht in Einklang; weit sinnvoller ist, was kl hier bieten:

nû ist (ab) uns ir beider nôt;

welcher Christ das Christenthum nur mit dem Munde bekennt und nicht mit der That, der ist ein halber Heide. Wir bedürfen beider, der Werke und der Worte, denn das Eine ist ohne das Andere todt. Desshalb verhelfe uns Gott zu Beiden und gebe uns Rath u. s. w.

7, 28. Statt *dâ ez ie wurde gesungen* wird man lesen dürfen *swâ (swaz kl) ez ie wurde gesungen,* wo immer es auch gesungen ward, im Himmel und auf Erde.

7, 32. 33. *ich mane dich, gotes werde,*
           wir biten umb unser schulde dich

Diese zwei Zeilen sind offenbar verderbt. Schon *gotes werde* ist bedenklich, mehr noch der unvermittelte Wechsel zwischen der 1. Sing. und 1. Plur. W. Wackernagel hat bemerkt (Litt. Gesch. S. 66), daß das Subject der Leiche ein Plural *wir* ist im Gegensatze zu dem *ich* der Liederdichter. Auch im vorliegenden Liede steht sonst überall *wir*. Es ist daher mit kl zu lesen:

des mane wir dich vil werde
und biten umb unser sünde dich

8, 3. Hier ist der Betonung wegen die von kl gegebene Wortstellung der in den Text aus C aufgenommenen vorzuziehen:

die âne got und âne dich nieman ze gebenne hât.

10, 3. lies *niht vlûren, dir sint ungemezzen maht und êwekeit,* wie in der ersten Ausgabe, mir scheint richtiger, stand, denn es ist zu beachten, daß die Strophen dieses Tones hier in den 6 ersten Zeilen jambisch, in den beiden letzten trochäisch gemessen sind.

10, 19. *ob in eht guotes unde liute ieman erbeiten lât?* über *eht*, das in den Hss. fehlt und hier als Vertärkung stehen könnte, vgl. mhd. WB. 1, 413.

10, 21. *irre ouch etelichen dér got únd in girret hât,* ein sehr schlecht gebauter Vers mit Betonung auf *dér* und *únd*; etwa
irr ouch etslíchen wider, der got und in gerirret hât.

10, 29. entweder *dâ* (st. *dô*) *gap in* oder dann *dô in gap.*

10, 35. *der fürhtet aber der goteshûse, ir meister werden kranc.* Die Hss. lesen *der goteshuserere*; Lachmann findet die Form wunderbar und ändert. Es ist aber nichts Wunderbares daran, sobald man das Wort richtig abtheilt: *der goteshuser êre = der goteshûse êre:* der alte Klausner, von dem ich früher schon gesungen, ist abermals um die Ehre, das Ansehen der Klöster besorgt, ihre Obern möchten schwach werden. Es ist natürlich *gotshûs* auszusprechen, mit Elision des auslautenden *e;* so wird das Wort später auch gewöhnlich geschrieben. Aus demselben Grunde darf auch 11, 18: *dô gots sun hie in* (oder *en*) *erde gie* mit den Hss. gelesen werden.

11, 15. lies *vollemezzen.*

11, 26. Auch hier die fehlende Senkung in *merkære* verdächtig, und eben so 12, 26: *herzeichen.* Es wird *herezeichen* gelesen werden dürfen, wie noch im Mhd. *herehorn*, ahd. *herizeichan* Graff 5, 594.

13, 5—32. Diese vier Strophen, die wohl von Wilh. Wackernagel (L. B. 4. Aufl. Sp. 407), aber nicht von Lachmann als zusammengehörig, als éin Lied betrachtet werden, sind unrichtig gestellt und das Metrum zerrüttet. Ich theile sie daher in der mir passend scheinenden Ordnung und mit den nöthigen Änderungen ganz mit, und werde meine Bemerkungen nachfolgen lassen.

1. *Owê! ez kumt ein wint, daz wizzet sicherlîche,*
dâ von wir hæren beide singen unde sagen:
der sol mit grimme ervaren elliu künicrîche.
daz hære ich wallære unde pilgerîne klagen:
boum unde türne ligent von im erslagen,

starken liuten wæt er zhoubet abe.
nû suln wir fliehen hin ze gotes grabe.
2. *Owê, waz êren sich ellendet tiuschen landen!*
witz unde manheit, dar zuo silber unde golt,
swer nû diu beidiu hât, belibet der mit schanden,
wê, den vergât des himelischen keisers solt!
dem sint die engel noch die frouwen holt:
armman zuo der welte und wider got,
wê, wie der fürhten mac ir beider spot!
3. *Owê, wir müezegen liute, wie sîn wir versezzen*
zwischen zwein fröuden an die jâmerlichen stat!
aller der arebeite heten wir vergezzen,
dô uns der sumer sîn gesinde wesen bat.
der brâhte uns varnde bluomen unde blat;
dô trouc uns der kurze vogelsanc.
wol im, der is nâch stæten fröuden ranc.
4. *Owê der wîse, die wir mit den grillen sungen,*
dô wir uns solten warnen gegen des winters zît,
daz wir vil tumben niht mit der ameizen rungen,
die nû vil werdeclîche bî ir arbeit lît!
daz was von anegenge der welte strît:
tôren schulten ie der wîsen rât,
man siht wol dort, wer hie gelogen hât.

Zuerst über die von mir getroffene Ordnung. In der Weingartner Hs. fehlt die erste Strophe, und 2. 3. 4. folgen sich unmittelbar. In der Pariser sind 1. 2. umgestellt: 2. 1. 3. 4. So auch in Lachmann's Ausgabe. Der Zusammenhang und Gedankenfortschritt scheint mir aber meine Anordnung zu verlangen. Das Lied beginnt mit Anspielungen auf den großen Sturm im September 1227, der große Verheerungen angerichtet, und auf den Bann, den Pabst Gregor IX. um dieselbe Zeit über Friedrich ausgesprochen hat (s. Lachmann zu 13, 12): das Höchste und Festgegründetste sei von keinem Bestand mehr und komme zu Fall, darum sollen wir zu Gottes Grab uns flüchten. Die erste Strophe schließt also mit einer Aufforderung zum Kreuzzuge.

In der zweiten Strophe wird über den Verfall des deutschen Ansehens geklagt und denjenigen mit dem Verlust des ewigen Lohnes gedroht, die Verstand, Tapferkeit und Reichthum besitzen und dennoch schimpflich zurückbleiben, d. h. sich dem vorbereiteten

Kreuzzug nicht anschließen: er verliert die Huld der Engel wie der Frauen und ist ein armer Mann, hier wie dort, und beider Spott. In der dritten Strophe werden die Nachtheile weiter ausgeführt: aus Trägheit sind wir zwischen zwei Stühle niedergesessen, d. h. aus Gedankenlosigkeit und Kurzsichtigkeit haben wir uns die Huld der Engel und der Frauen, der Welt und Gottes Gunst verscherzt. Uns hat die kurze Freude betrogen, Heil dem, der nach dauerhaften Freuden gerungen, für das Heil seiner Seele gesorgt hat.

Ich meine, daß die logische Entwicklung in dieser Anordnung nicht zu verkennen ist, und gehe zur Betrachtung des Einzelnen. In den Hss. sind die Stollen der 3. und 4. Strophe denen der beiden ersten ungleich, aber die Besserung war naheliegend und leicht: die vier ersten Zeilen jeder Strophe haben 6, die drei letzten 5 Hebungen. Das Versmaß ist mit Ausnahme je der fünften Zeile jambisch. Durch diese Beobachtung ergeben sich eine Reihe von Besserungen.

1, 5. *boum unde*] ich vollziehe hier, wie 2, 2 *witz unde*, die Kürzung oder Apokope des in den Auftact oder die erste Senkung fallenden Wortes; denn wenn 19, 13 *rôs âne dorn*, und 66, 23 *êr unde minneclichen gruoz* erlaubt ist, wird es hier nicht verboten sein. *unde* fehlt 1, 5 in den Hss. und ist des nöthigen Auftactes wegen zugesetzt; aus demselben Grunde, aber auch weil der Sinn es verlangt, 2, 3. *nû*.

2, 4. *wê*] dafür die Hss. *wie*, das zwar ebenfalls zulässig wäre; indess scheint mir *wê* passender schon wegen der Wiederholung derselben Construction 2, 7. und *wie* für *wê* ist eine in den Hss. nicht seltene Verwechslung (vgl. z. B. 15, 19). — 2, 6. *wê, wie*] hier fehlt *wê*, aber das Metrum verlangt das Wort, und wenn an einer der beiden Stellen dieser Zusatz erlaubt ist, so ist es hier.

3, 2. *zwischen zwein fröiden nider an die jämerlichen stat*, so Lachmann mit den Hss.; er bemerkt aber dazu, daß *zwein* gegen Sinn und Vers sei und setzt das Wort in eckige Klammern. Daß aber *zwischen zwein fröiden* nicht gegen den Sinn ist, sondern sich auf Engel und Frauen, Gott und Welt bezieht, ward oben gezeigt. Dem Metrum habe ich in anderer Weise, durch Streichung von *nider* aufgeholfen. Ich bin überzeugt, hier das Richtige getroffen zu haben. Man kann wohl sagen *nider sitzen zwischen zwein fröuden*, aber gewiss nicht *nider versitzen*, das drückt schon das einfache *versitzen*, falsch sich setzen, aus. — 3, 3. *aller der arebeite*] versetzte oder meinetwegen

schwebende Betonung, wie öfter bei Walther, vgl. zu 23, 38. 24, 34. Auch *zwischen* ist so zu lesen, mit dem Ton auf der zweiten Silbe (vgl. *zwischén den varwen beiden*, Erek 7310 und 8429). — 3, 4. *der kurze sumer*, so die Hss., aber das drückt auch *varnde bluomen*, kurzdauernde, rasch dahin schwindende Blüten, aus, und gleich zwei Verse weiter steht *der kurze vogelsanc*, wo das Wort nicht zu entbehren ist, während es hier den Vers überfüllt.
4, 2. Die Hss. haben *gegen des kalten winters zît*. Daß es im Winter kalt zu sein pflegt, dürfte selbstverständlich sein, und so denke ich, daß den das Metrum störenden Ausdruck Niemand missen wird. — 4, 3. *mit der ámeizen niht rungen* die Hss. und Lachmann. Auch Wackernagel hat obige Umstellung vorgenommen. Eine solche Betonung (*ámeizén*) darf man, glaub' ich, Walthern ohne Noth nicht zumuthen. Zwar Boner betont so: *ein vlieg ein ámbeizén ersach* 41, 3.; aber Hugo von Trimberg *diu erde améizn und binen gebirt*. — 4, 4. *arebeiten* die Hss.; aber der Sing. kann gewiss eben so gut als der Plur. das mühsam Erworbene bedeuten. — 4, 5. Statt *von anegenge* haben die Hss. *ie*. Lachmann hat dies beibehalten, mit der Bemerkung, es fehle ein Fuß, und dem Vorschlag, *meiste strît* zu schreiben; es mangelt aber immer noch einer, da im Ganzen zwei Füße fehlen. *von anegenge* entspricht dem *ie*, das gleich in der folgenden Zeile erscheint, wo es nicht fehlen darf.

14, 38 — 16, 35. In den eilf Strophen dieses Liedes ist das Versmaß durchaus trochäisch, mit Ausnahme von vier oder fünf Zeilen. Es scheint mir kein Zweifel, daß hier Verderbnisse vorliegen und die Verse zu ändern sind. Gehen wir von dem Sichern aus. Der Dichter schließt sein Lied mit der Bemerkung: alles was Gott mit der Welt je begieng oder that: *daz huob sich dort und endet hie* 16, 28. Was wir unter *hie* zu verstehen haben, ist in jeder Weise klar. Das Lied ist in Palästina gedichtet und Walther preist sich selig, daß er das Land sehen dürfe, wo Christus als Mensch gewandelt sei. *hie* wurde er geboren 15, 9. 10. *hie* ließ er sich taufen und verkaufen 13. 15. *hie* litt er den grimmen Tod 21. und von hier fuhr er zur Hölle 27. In diesem Lande wird er auch das letzte Gericht halten 16, 8. Unter *hie* kann also auch 16, 28 nur das gelobte Land gemeint sein. Schwieriger ist es zu sagen (denn man wird nicht 13, 32 entgegen halten wollen), was man unter *dort* zu verstehen hat, da nichts vorausgeht, worauf man es beziehen könnte. Die beiden, diese Strophe gewährenden Hss., die hier aus éiner Quelle geschöpft, haben zwar in der vorhergehenden Zeile eine Lücke, aber es ist nicht wahrscheinlich, daß sie etwas das *dort* Erklärendes enthalten habe; vielmehr sagt der Dichter, um die hohe Bedeutung des hl. Landes mit kurzen Worten ins rechte Licht zu stellen: hier haben die göttlichen Geschicke der Welt ihren Anfang genommen, hier werden sie auch enden. Walther ist, wie man sieht, mit der kirchlichen Lehre im vollen Einklang. *dort* ist, weil den Sinn und das Metrum störend, zu streichen: *dáz huop sich und endet hie.*

15, 37—39. *dô huob sich der juden leit*
daz er hêrre ir huote brach,
und daz man in sît lebendic sach.

daz in der letzten Zeile fehlt A, mit Recht, denn es ist leicht zu entbehren und verderbt den trochäischen Bau.

16, 19. ist *dheine* oder *keine* zu lesen, statt *deheine*:
únd swer dheine schult hie lât.

16, 7. *sîn náme der ist vor gote erkant*, statt *der ist* lies *ist*: *sîn nam íst.*

Übrig ist nur noch eine Stelle, für die ich eine sichere Änderung nicht vorschlagen kann:
daz hêre lant und ouch die erde.
Daß hier etwas nicht in der Ordnung ist, zeigt das Auseinandergehen der Hss.: *here* A, *reine* BC, *schœne* M, *herlige* E. *ditze, disiu lant* (?). Auf keinen Fall scheint *hêre* die rechte Lesart, schon wegen der Wiederholung 15, 6, die Walther nicht liebt.

16, 13. statt *wirt* schiene besser *wart*:
der dâ wart mit ime gestalt,
die vergangene Zeit auch BC: *den man hat mit ime gestalt.*

16, 15. *Unser lantrehtœre tihten*
fristet dâ niemannes klage.
Statt *unser* lesen BC *unserre*, daher besser *unserr*, das gute alte Hss. gewähren und der ursprünglichen Form gemäßer ist.

lantrehtœre wird in den Gl. St. Blasianis 32ᵇ (= Summarium Heinrici: Diut. 3, 251), einer Münchner Glossensammlung (vgl. Graff 2, 415), einem Vocabularius von 1429 (Schmeller 2, 476) und einem andern von 1440 (Dieffenbachs Gloss. 482ᵉ) durch rachinburgius übersetzt. Rachinburgii sind (nach Grimms R. A. 293—4) diejenigen Freien, die vom Grafen oder Landesherren zum Gerichte, zum gerichtlichen Urtheilsspruche entboten werden. Später nannte man sie Schöffen (Zöpfl, Staats- und Rechtsgeschichte. 3. Aufl. 863). 'erudimini qui judicatis terram' wird in Notkers Psalmen durch *lázent iuch lêren lantrechtara* übersetzt (Hattemer 2, 28ᵃ). In den Sumerlaten 37ᵃ ist *lantrechtere* durch celech hebr., ecclesiastes gr., concionator lat. glossiert.

Als Nebenform kommt auch *lantrihtære* vor. So in der Wiener Hs. Notkers *lantrihtari* (Fdgr. 1, 51), und so liest hier die Hs. E; in einer Strophe Spervogels (s. meine Untersuchungen S. 86) *ern zimt ze lantrihtære* (Hs. *lantrittere*) *niht swer lam ist in dem munde*. In Schreibers Urkundenbuch der Stadt Freiburg 1, 88 beginnt eine Urkunde vom 8. September 1276: *Wir der margrâve Heinrich von Hahperg, lantrihter in Brîscowe, künden allen den, die disen brief ansehint oder hœrint lesin, daz die burger von Vriburg in Brîscowe vor ûns an eim offin lanttage (lanttac fehlt im mhd. WB.) wurden angesprochen umbe ir vriheit*, und in einer auf denselben Gegenstand bezüglichen Urkunde vom 21. Oct. 1276 heißt es: *wir der margrâve Heinrich von Hahperg, der lantgrâve ist in Brîscowe, daz die burger von Vriburg in Brîscowe vor ûns an eime offinne lantgerichte wurden angesprochen* u. s. w.

Hiernach hätte *lantrihtære* eine etwas andere Bedeutung als *lantrehtære*, d. h. er wäre der oberste Richter des Landes, der Vorsitzende des Landtages, des Landgerichtes.

16, 23. 24. *sô wil ich die rede entsliezen
kurzwîlen und iuch wizzen lân.*

Daß *entsliezen* öffnen bedeutet, haben wir oben S. 24 gesehen; ist diese Lesart hier richtig, so kann der Sinn nicht sein: so ich will meine Rede schließen, wie Simrock übersetzt hat, sondern: ich will euch noch eröffnen und kund thun. *kurzwilen*, was Lachmann aus C in den Text aufgenommen hat, ist unbegreiflich. Das Verbum *kurzwîlen* ist bekannt, aber hier müsste es ein adv. Dat. Pl. sein, wie *wîlen, wîlent* (weiland, vor Zeiten), also: in kurzer Frist; aber ein solches Adv. ist nicht nachgewiesen und wird kaum nachzuweisen sein. Es scheint ein Fehler der Hs. und *kurzlîche*, wie E liest, dürfte dem unbelegten, unwahrscheinlichen Adverbium auf alle Fälle vorzuziehen sein.

Es ist klar, daß diese Strophe den Schluß des Liedes bildet, in welchem Walther den Inhalt desselben noch ganz kurz in ein paar gewichtige Worte zusammenfasst. Die darauf folgende Strophe 16, 29—35 kann daher nicht am rechten Platze stehen; am passendsten schiene mir ihre Stelle zwischen 15, 5 und 6, als die zweite des Liedes. Auf die Hss., die in der Anordnung weit auseinander gehen, ist hier kein Verlaß.

Nicht Lachmann, wohl aber Andere nehmen an, dieß Lied sei von den erhaltenen das Letzte und auf der ruhmlosen Kreuzfahrt vom J. 1227 gedichtet. Man beruft sich hierbei auf 125, 1—10, wo Walther die Ritter ermahnt, sich dem von K. Friedrich vorbereiteten Zuge anzuschließen, und ausdrücklich sagt, er würde sich glücklich schätzen, wenn er selbst daran Theil nehmen dürfte. Es wird mir jedoch schwer zu glauben, daß Walther, der um diese Zeit von sich sagt, er habe schon vierzig Jahre und drüber gesungen (66, 27), der in einer andern Strophe desselben Tones (67, 14) sich betagt nennt und damals in der That mindestens ein Sechziger war, in diesem Alter noch eine so beschwerliche Reise unternommen habe. Was hätte er, des langen Wanderns müde, wie er war, in seinen alten Tagen dort sollen, wo man rüstigerer Kräfte bedurfte?

Gleichwohl halte ich das Lied für keine Fiction, sondern wirklich in Syrien entstanden, aber in einer frühern Zeit. Denn darin stimme ich Lachmann vollkommen bei, wenn er in dem Liede eine Zurückdeutung auf die überwundene, trübe Sehnsucht vermisst und daraus den Schluß zieht, daß es nicht aus Walthers letzten Jahren sei (zu 14, 38). Gewiss ist, daß in diesem Liede etwas Kühles, Frostiges liegt, das Jedem sogleich auffallen muß, der es nach den tiefempfundenen, ergreifenden Liedern seiner letzten Jahre liest: es herrscht deutlich ein ganz anderer, ich möchte sagen gleichgiltiger Ton darin, wie er in solchen Dingen häufig dem jüngern Alter eigen ist, und auch die vollständige Abwesenheit aller Anspielungen auf die damaligen brennenden Fragen in Kirche und Staat dürfte nicht zu übersehen sein.

Eben so wenig finde ich eine Nöthigung, das Kreuzlied 76, 22 ff. in das Jahr 1227 zu setzen. Schon die vielzeilige, dabei in kurzen, raschen Versen dahin eilende Strophenform scheint mir dem zu widerstreben und das Lied der Zeit nach jenen ältesten Sprüchen auf K. Philipp (8, 4 ff.) nahe zu rücken, mit denen es innerlich und äußerlich große Ähnlichkeit zeigt. Jene Reisen über Deutschlands Grenzen hinaus, von denen er 31, 13. spricht, wird er doch wohl in seinen jüngern Jahren gemacht haben, warum nicht auch den Kreuzzug? Ich wenigstens sehe nicht, was uns abhalten könnte, die beiden Kreuzlieder auf den Zug von 1196—1198 zu beziehen, an welchem unter Anführung Konrads, des Erzbischofs von Mainz, die Herzoge von Österreich, Kärnthen, Meran, Thüringen, Brandenburg, die Erzbischöfe von Bremen und Köln, der Bischof von Würzburg u. a. m. theilgenommen haben. Es ist dieß dieselbe Kreuzfahrt, auf der im April 1198 Walthers Gönner, Friedrich von Österreich, dessen Tod er viel später noch tief beklagt (19, 29), in Palästina starb. Walther kann in seinem Geleite und bei seinem Tode zugegen gewesen und gleich nachher, vielleicht mit der Trauerkunde, nach Deutschland zurückgekehrt sein. Dieser Annahme steht jene Stelle 125, 1—10 nicht positiv entgegen: Walther konnte schon im gelobten Lande gewesen sein, und dennoch den Rittern gegenüber, zu ihrer Aufmunterung, sagen, was er alles darum geben, wie glücklich Er sich preisen würde, die liebe Reise über Meer fahren zu dürfen. *wolte got, wær ich der sigenünfte wert*, sagt er. Was kann ihn von der Theilnahme an dem siegreichen Beginnen abgehalten haben? Gewiss nichts anderes als des Alters Gebrechlichkeit. Jedenfalls kann ich zwingende Beweise für die herrschende Ansicht hier nirgends erblicken.

16, 36—18, 28. Das Versmaß dieses Tones ist jambisch, daher dürfte 17, 15. *fürsniden*, 29. *vil fûl* zu lesen sein. Jedenfalls ist 18, 9. die Lesart der beiden Hss. *singet* A, *singent* C, statt *singt* herzustellen; *singét*, die Betonung, Hebung fällt auf die zweite Silbe, vgl. oben zu 7, 3. 23, 38. 24, 34.

17, 28. *nône* wird von Lachmann in einer größern Anmerkung, die der Auslegung der Strophe gilt, durch Himmelfahrt erklärt. Richtig, aber das ist eine Übersetzung, keine Erklärung und wir finden sie weder in Hornigs Glossar, noch im mhd. WB. 2, 406[b], wo einfach auf Lachmanns Anmerkung verwiesen wird, als fände man hier den Aufschluß, warum der Himmelfahrtstag *nône* heißt. Weit besser wäre auf Schilter und Haltaus hingedeutet worden. In Urkunden des 13. und mehr noch des 14. Jahrhunderts erscheint häufig *nônetac, schœnnônetac, nônâbent*, festum ascensionis. In einer Maulbronner Urkunde von 1357: *an nônday, als unser herre zuo himel fuor*. Schilter in s. Glossar S. 190 erklärt den Namen ohne Zweifel richtig von der neunten Stunde, ab hora nona (3 Uhr Nachmittags), in welcher Christus gen Himmel gefahren sein soll; daher auch heute noch diese None durch eine feierliche Messe besungen wird. Aus diesem Grunde ertheilte Pabst Benedict 1014 der Capelle zu Andechs einen besondern Ablaß „quando pulsantur nonæ in die Ascensionis ab hora illa nona usque ad horam nonam ferie sequentis;" Hund, Metropolis Salisb. 2, 97. vgl. Haltaus, Jahrzeitbuch (von Scheffer) S. 248.

17, 38. *frou Bôn, set libera nos a malo. âmen.* Die Kürzung von *Bône* in *Bôn* ist auffallend; es sei Nachahmung der gemeinen Sprache, sagt Lachmann zu 20, 13, was aber zu beweisen wäre; *Bône* lesen beide Hss. und so ist zu setzen, dafür aber das hier nicht bloß das Metrum störende *set* zu streichen.

In den beiden Strophen 18, 1—28 haben je die 10te Zeile ungleiche Länge. Dazu bemerkt Lachmann 18, 10: „der Dichter dieser Strophe giebt dem Abgesang zwei gleiche Hälften. Eben dieß bewirkt in der folgenden die Lesart von C in Z. 24". „Der Dichter dieser Strophe"? Ist sie denn nicht von Walther? Warum steht sie dann unter seinen Liedern? Und wenn sie von ihm ist, wie kann man von ihm wie von einem Fremden reden? Die eine Stelle lautet bei Lachmann:

singt ir einz, er singet drin,
dazz sich gelichet rehte als ars und mâne.

das sind fünf Hebungen. Die entsprechende der folgenden Strophe zählt bloß drei:

der mir sô hôher êren gan,
got mileze im êre mêren.

Betrachtet man die Lesarten, so ist klar, daß Lachmanns Text an beiden Orten falsch ist. A liest 18, 10: *daz gelichet sich rehte alse ars und mane*, C: *ir sît geliche als ars u. m.* Also: *daz glichet sich als ars und mâne; rehte* ist überflüssig und stört das Metrum.

18, 24 ist die Zeile nach C herzustellen:

der mir sô hôher êren gan,
got mileze ouch im die sinen mêren.

beidemal mit vier Hebungen. Es ist deutlich, um wie viel nachdrücklicher und sinnvoller diese Lesart ist, abgesehen von der Wiederholung des Wortes *êre* in A.

Die Zeile 18, 25. *zuo vlieze im aller sælden fluz* hat Meister Gervelin nachgeahmt: *aller sælden fluz müeze in ir herze vliezen* MSH. 3, 37[a].

18, 29—20, 15. Auch diese Strophenform ist jambisch. Desshalb lese ich mit Benützung der Lesart von B:
18, 34. *ietwedera tugent daz ander niht enswachet.*
19, 34. *nû rihte ich* und 35: *ich bin vil wol.*
20, 1. 2. *jâ ist mir mîner swære buoz,*
alrêrste wil ich ebene setzen mînen fuoz.
17, 8. 9. *dâ gienc eins keisers bruoder unde eins keisers kint*
in éiner wât, swie doch die namen drîge sint.
B liest hier *der namen zwêne sint* und es ist die Frage, ob nicht dieß die richtige Lesart ist. Zunächst und in Beziehung auf die *wât* sind nur zwei genannt: Kaiserbruder und Kaiserkind; und es scheint gezwungen, aus der vorhergehenden Zeile auch noch den König heranzuziehen. Dieß ist aber bei *drîge* nöthig, und mit richtigem Gefühl hat Simrock den König, gegen das Original, in diesem Verse wiederholt. Jedenfalls dürfte *der namen drîe*, statt *die namen drîge* zu lesen sein. Ist die Lesart *drîge* richtig, so enthält die Stelle einen bedenklichen Vergleich des Königs Philipp mit der Dreifaltigkeit Gottes: gleich dieser erschienen König, Kaisersbruder und -Kind in einer Kleidung = in einer Person vereinigt. Vgl. *friundin unde frouwe in einer wæte wolte ich an dir einer gerne sehen* 63, 13.

19, 32. Zu *kraneches trite* ist außer der Stelle bei Freidank 30, 13, noch zu vergleichen *dicke trat er ouch wider nâch gemelîchen siten alles nâch mit kraneches schriten* Irregang und Girregar 336 (Gesammtabenteuer 3, 52).

20, 4 ff. *Der in den ôren siech von ungesülte sî,*
daz ist mîn rât, der lâze den hof ze Düringen frî:
wan kumt er dar, dêswâr er wirt ertœret.
ich hân gedrungen unz ich niht mêr dringen mac.
ein schar vert ûz, diu ander în, naht unde tac:
grôz wunder ist daz ieman dâ gehœret.
Es ist das Wort *ungesülte*, an dem ich hier Anstoß nehme. *ungesülte* stn. soll nach W. Wackernagels Glossar zum altd. Lesebuch rheumatisches Übel bedeuten, und Weiske hat danach übersetzt: ‚Wer in den Ohren Flüsse, Gicht und Rheuma hat': ein ganzer Haufen von Ohrenleiden! Diese Erklärung scheint mir aber mehr als bedenklich, ein bloßer Nothhalm, ergriffen, um das Wort nicht unerklärt zu lassen. Bei Stalder 2, 418 wird nur „Gesucht, Gesücht, Süchti, Gsüchti" angeführt, mit der Erklärung „rheumatischer Schmerz". Dagegen ist nichts einzuwenden: unter Süchti, Gsüchti

versteht der Schweizer in der That Gliederweh. Von „Ungesüchte"
und dessen Bedeutung ist bei Stalder nichts zu lesen. Ich glaube,
aus gutem Grunde, denn ich zweifle sehr, daß *ungesühte* überhaupt
ein Wort ist. Die einzige Hs., die uns diesen Spruch überliefert
(B), bietet für die Richtigkeit wenig Gewähr. *gesühte* ist Sucht,
Krankheit. *ungesühte*, sollte man meinen, bedeute sonach das Gegentheil; denn die Partikel *un-* ist, wenn auch nicht immer negativ,
doch stäts privativ, schwächend, vgl. Gram. 2, 775 ff. Überdieß ist
suht von *siech* (ahd. *siuh*) abgelautet, beide bedeuten krank, Krankheit. Angenommen auch, *ungesühte* bedeute was *suht*, so ist doch
eine solche Tautologie *siech von ungesühte* bei Walther sehr unwahrscheinlich. Dieselben Bedenken erheben sich gegen Lachmanns
Vorschlag oder Vermuthung: *von ungesunde. ungesunt* st. m. und f.
heißt Krankheit, namentlich solche, die durch Verwundung entstanden ist.

Wir werden uns daher nach einem anderen Ausdruck umsehen
müssen, der einen bessern, passenderen Sinn gewährt; zunächst nach
einem solchen, der dem Urkundlichen lautlich nahe steht. Hier
bietet sich uns ein nicht seltenes Wort dar, das mit *ungesühte* fast
buchstäblich zusammentrifft, und, was wohl zu beachten, meist ebenfalls mit der Präposition *von* erscheint, nämlich *ungeschiht, ungeschihte.
von geschiht, -e*, durch Zufall, von ungefähr; *ungeschiht, -e*, durch
unglücklichen Zufall. Also: wer unglücklicher Weise an den Ohren
leidet, dem rathe ich den Thüringer Hof zu meiden: er möchte
sonst ganz taub werden.

Ich gebe einige Beispiele von *geschiht* und *ungeschiht*. *ez kom
von geschihte* Flore 5571. *mit muot ode von geschihte* (: *ihte*) Erek 5810.
1862. 6132. 8715. *von geschihte* (: *slihte*) Trist. 66, 4. Krone 5601.
ez kam von geschihte alsô Otte 393. *von geschicht ez alsô kam* Boner
1, 1. 52, 8. 72, 38. 75, 18. 82, 13. — *von eteslicher ungeschiht* (: *gesiht*)
Tristan 346, 29. vgl. 35, 27. 193, 22. *von maniger vremder ungeschiht*
(: *niht*) Singenberg MSH. 1, 290ª. *dô entviel im ûz der hant ein
nagel von ungeschicht* Pass. K. 482, 71. *der lantgrâfe kam von ungeschihte an daz gerihte* Germania 3, 419 Z. 18. und ebd. 413, 33.
vgl. ferner Wigalois 56, 5. Krone 22586. 24089. MSH. 2, 132ᵇ.

20, 11. *der lantgrâve ist sô hôch (oder vrô) gemuot? oder alsô
gemuot?*

20, 24. *ob der êren niht engert?*

Die beiden Hss. haben *er* statt *der*, das die Deutlichkeit, die Beziehung auf den rîchen zu verlangen scheint.

20, 25. *ja enist ez niht wan gotes hulde und êre,*
dar nâch diu welt sô sêre vihtet.

niht wan d. h. nichts als, nur. Der Sinn dieser Verse, wie sie hier stehen, ist also: Ja, wahrlich, nur Gottes Huld und Ehre ist es, wonach die Menschen so eifrig streben, sich bemühen. Lachmann hat uns im Zweifel gelassen, wie Er die Stelle verstanden hat: sie kann jedoch nach dem Wortlaut nichts anderes bedeuten. Es ist aber ganz unglaublich, daß Walther das hier sagen will, er, der es so gut weiß, daß die Gottesfurcht und das Ehrgefühl aus der Welt gewichen ist und daß die Menschen, statt nach den ewigen Gütern zu trachten, nur nach irdischem Erwerb, nach Reichthum und vergänglichem Ruhme rennen und jagen. Auch ironisch kann die Stelle nicht etwa aufgefasst werden, davon zeigt die Strophe keine Spur. Simrock übersetzt: Nur Gottes Huld und Ehre zu erlangen, das ists, wonach der Weise ringet. Das steht aber hier nicht, sondern Simrock übersetzt die Stelle 22, 24. 25: *der wise minnet niht sô sêre alsam die gotes hulde und êre.*

Was die beiden Hss. (CD) hier bieten, kann daher nicht das Echte sein und man wird ändern müssen. Ich dachte erst: *jâ ist ez guot, niht gotes hulde und êre*; man geht aber schonender gegen die Überlieferung zu Werke, wenn man liest:

ja enist ez niht, wæn, gotes hulde und êre,
dar nâch diu welt sô sêrs vihtet.

in der That, nicht Gottes Huld und nicht die Ehre ist es, wie ich meine, wie mir scheint u. s. w. Das Praesens *wæn* kommt bei den mhd. Dichtern oft vor, mit und ohne *ich*, und von den Schreibern wird es häufig missverstanden. Die meisten Beispiele gewährt das Nibelungenlied, auch bei Walther fehlen sie nicht. Es erscheint mit dem Indicativ und Conjunctiv; vgl. Nib. 558, 3. 1084, 3. 1219, 4. 1392, 3. 2170, 4. 2285, 3: *jâ wæn got niht enwelle* —. Gudrun 534, 4. Bei Walther: *ich wæn si beide tôren sint* 22, 30. *wæn aber min guoter klôsenære klage und sêre weine* 34, 33. u. s. w.

21, 4. lies: *er ist* mit D gegen C erst.

21, 10. *Owê dir, Welt, wie übel dû stâst!*

owê D, *sô wê* C. Die letztere, hier allein richtige Leseart ist mit Unrecht verworfen; und so ist auch 122, 7, zu lesen: *sô wê dir, Welt, wie kumt ez umbe dich*. Vgl. *sô wê dir, tiuschiu zunge* 9, 8.

sô wê mir armen 26, 1. *sô wê im der den werden fürsten habe erslagen von Kölne* 85, 10. *sô wol ir des, sô wê mir, wê* 64, 30. u. s. w.; ferner Nibelungenlied 1901, 1. (Lachmann) 2194, 1. (ebd.) 2374, 1. 1103, 1. auch 1024, 2 ist wohl zu lesen *sô wê mir mîner leide* statt *owê*. *Sô wê mir sînes tôdes* Genesis (Fdgr. 2. 55, 16). Aus diesen Stellen erhellt, daß *sô wê* ganz andere Bedeutung hat als *owê*, das wohl an 40 Stellen bei Walther nie mit dem Dativ des pers. Pron. gebraucht wird. Dieses ist eine Interjection der Klage, der Verwunderung, des Verlangens, jenes aber eine Verwünschung mit einer Ellipse (etwa: geschehe) und dem Dativ des persönlichen Pronomens.

21, 22. 23. lies *ich ez* und *triwe unde wârheit.*

— 36. lies *geistlichez leben.*

22, 14. lies *und harte er ir joch lebender künde* mit D, zugleich ist dieser Vers in Paranthese zu setzen.

22, 20. entweder:
wie sol man den für einen wîsen nennen?
oder mit D: *den sol man niht.*

23, 3. *und* ist mit C zu streichen.

23, 7. *dâ von sô volge mîner lêre* mit B.

23, 38. lies *beitet* mit beiden Hss., vgl. zu 7, 3 und S. 30).

26, 9. *frôn Krist vater und sun, dîn geist berihte mîne sinne.* *Krist* stört hier das Versmaß und ist nebenbei nicht bloß überflüssig, sondern verkehrt: erst *frôn* (Herr, heiliger) *Krist* dem Vater vorangesetzt und dann der Sohn noch besonders genannt. B liest *got vater unde sun*, und diese Lesart scheint mir, wenn nicht überhaupt die richtige, doch beachtenswerth. Christus ist nicht Vater und Sohn zugleich, wohl aber sind beide eins und werden als eins betrachtet, deßhalb darf es auch heißen *dîn geist*. Also *frôn vater* (oder *got vater*) *unde sun*. Es ist dabei nicht außer Acht zu lassen, daß der Spruch nicht an Christus speciell, sondern an Gott im Allgemeinen gerichtet ist. Die Beiden, Vater und Sohn, bittet der Dichter (wie das häufig geschieht) den hl. Geist zu senden, damit er ihn erleuchte.

26, 12. *vergip mir anders mîne schulde, ich wil noch haben den muot.* *anders*, sonst, scheint hier nicht die rechte Lesart. C liest *ander* und dieß gewährt bessern Sinn: Vergieb mir meine übrigen Sünden, aber ich bleibe dabei die zu hassen, die mir Böses, und die zu lieben, die mir Gutes thun. Ganz in derselben Weise wird *ander* in einem Liede Friedrichs von Hausen gebraucht: *ander mîn angest der ist kleine* (MSH. 1, 213°), und Iwein: *mit ander siner frümekeit* 2098.

26, 14. *é* ist von Lachmann, um die erforderliche Zahl der Hebungen hervorzubringen, hinzugefügt. Ich möchte aber des fehlenden Auftactes wegen lieber *envor* oder *bevor* lesen.

26, 25. *ald waz bestêt ze lône des den künic Friderîchen?* In der ersten Auflage hatte Lachmann *ze lônen* gesetzt. Ich weiß nicht, warum er davon abgegangen ist, denn der Infinitiv, entweder *ze lônen* oder noch besser und den Lesarten beider Hss. nahestehend, das Gerundium *ze lônne (ze lône* A, = *ze lônenne* C) scheint mir hier das allein Erlaubte: was hat König Friedrich für eine Verpflichtung, mir zu lohnen, d. h. zu zahlen, was Otto mir trügerischer Weise versprochen hat? Vgl. *bestân* (in der Bedeutung von: angehen) mit dem präpositionalen Inf.: *wîhe zehende pfrüende die si niht ze verkoufen bestüende* Heinrich vom gem. Leben 68. *dô in sîn muoter bestuont zu tragene* Alex. 161. Vgl. *daz ten consulem anagieng ze tuonne* N. Boeth. 127 (s. Gramm. 4, 109).

26, 34. Durch Umstellung würde diese Zeile geschmeidiger:
dô hât ich an der mâze mich ein teil vermezzen.

32, 17. 31. lies *Kerendæres* und *Kerendære*. A hat *karaderis* und *Kerendere* und diese Form ist eben so üblich, als dem lat. *Karinthia* entsprechend.

35, 21. Wenn V. 18 und 20 bei *wünschen* der Dativ steht, so wird er auch 21 stehen dürfen, wo A ihn ebenfalls gewährt. Kann man sagen: ich wünsche dir zu einem, warum nicht auch: ich wünsche dir von einem? und ebenso V. 24 *an daz gemach.*

35, 24.   *wie hâst dû sus getân*
daz ich dich (A *dir*) *an dîn gemach gewünschet hân*
und dû mich (A *mir*) *an mîn ungemach?*

das ich C, *sit ich* A. *sît* scheine keinen Sinn zu haben, sagt Lachmann. Aber wie der Satz hier steht, ist *sît* gewiss eben so sinnvoll als *daz.* Aufgelöst würde er nach der Grammatik lauten: *wie hâst dû sus getân, daz dû mir wünsches an mîn ungemach, sît ich dir an dîn gemach gewünschet hân.* In C fehlt *sît,* in A *daz*: welches von beiden ist hier leichter zu entbehren?

37, 24. lies *vil tumbiu Welt* mit B und
29. *dû minne got,* vgl. *dû lâ* 22, 33. *dû sende* 5, 17. vgl. MF. 92, 21. 25.

38, 5. lies *hab dîne.*

39, 2. *heide unde walt die sint beide nû val.*
die (= E) ist zum dactylischen Versmaße nöthig.
39, 23—25. *dâ wart ich enpfangen
hêre frouwe,
daz ich bin sælic iemer mê.*

Die Lachmannische Auffassung dieser Stelle, wie sie aus der Interpunction erhellt, ist eine rechte, ihn freilich ganz characterisierende Wunderlichkeit. Erklärt hat er sie nirgends, wenigstens nicht dort, wo sichs gehörte. Ich wette daher, daß die überwiegende Mehrzahl der Leser sie so verstehen wird, wie Simrock sie übersetzt und Hornig in s. Glossar zu Walther sie erklärt hat: heilige Frau, Jungfrau (d. i. Maria). Weit gefehlt! So kann es nur die Oberflächlichkeit verstehen, die für feine Unterscheidungen keinen Sinn hat. „Ich ward als oder wie eine erhabene, vornehme Herrin empfangen;" so verstand es Lachmann und so wollte er es von aufmerksamen Lesern verstanden wissen; Weiske hat sich darum als gelehrigen Schüler gezeigt. Zu dieser Auffassung scheint ihn die Zeile im Leich 5, 14 *des bist dû frowe gêret* verleitet zu haben: darum bist du wie eine Herrin, Gebieterin, Königin geehrt. Kann man hier streiten, ob Walther die Stelle wirklich so gemeint hat, so darf doch kein Augenblick gezweifelt werden, daß die Lachmannische Deutung von *hêre frouwe* ebenso raffiniert als schief ist. Der Inhalt des ganzen wundervollen Liedes zeigt deutlich, daß die Art und Weise, wie der Friedl seine Geliebte empfieng, von dem Empfang, wie er einer vornehmen Dame gegenüber üblich ist, grundverschieden war. Wenn man das hl. Land und das hl. Kreuz *daz hêre lant* Walther 15, 1. 78, 12. und *daz hêre kriuze* MS. 2, 157ᵇ, nennt, warum sollte man nicht auch die hl. Jungfrau, im Ausruf, *hêre frouwe* heißen dürfen?
*dâ wart ich enpfangen,
hêre frouwe!
daz ich bin sælic iemer mê.*
mit Ellipse von *sô*: so, derart empfangen (nämlich mit tausend Küssen), daß ..; übrigens liest B *herre*, und es frägt sich, ob nicht diese Lesart die echte ist: *herre, frouwe!* rascher, dem noch heute in katholischen Ländern üblichen: Jesus, Maria! genau entsprechender Ausruf des Schreckens, aber auch der freudigen Überraschung.

64, 13 verlangt der Nachsatz die Aufnahme der Lesart von BC:
*Swie wol diu heide in manicvalter varwe stât,
sô wil ich doch dem walde jehen* u. s. w.

84, 21. *wan dêr ein gast dâ wœre.*
Ich habe diese Stelle schon oben S. 5 im Vorbeigehen gebessert. Die Hs. liest: *wan das er ein gast,* aber *ein* ist hier entbehrlich, es fehlt auch in jenem aus Erek 2271 beigezogenen Citat *ich meine daz er dâ was gast* und öfter, wenn *gast* gleichsam adjectivisch, fremd, gebraucht wird.

84, 22. *Ich drabe dâ her vil rehte drier slahte sanc.*
An dem unerhörten *gesanc traben* hat schon Lachmann Anstoß genommen nd das Präteritum von *treffen = traf* vermuthet. Besser schiene mir *treip* : *gesanc trîben* wird eher gesagt werden können.

85, 31. *owê wie krump nû die rihtœre sint?*

94, 35. *dâne was mir niender wê,* so nach C. Die Hs. A liest *niht ze wê,* was aber von Lachmann (oder Haupt) erst in der 3. Ausgabe unter den Lesarten angemerkt wurde; aber nur angemerkt, denn der Text blieb derselbe. Es ist jedoch keine Frage, daß diese Lesart den Vorzug und Aufnahme in den Text verdient:
dâne was mir niht ze wê,
d. h. ich befand mich gar nicht schlecht = vortrefflich, überaus wohl. vgl. *jâ wâren niht ze guot ir kleider diu si truogen* Gudr. 107. *ir fröude dûhte in niht ze guot* Nib. Lachm. 593, 4. *mir ist niht ze wê* Walther Weingartner Lieder-Hs. nr. 31 (S. 153).

100, 1. 2. *Ich gesprach ie wol von guoten wîben,*
    was mir leit, ich wurde frô.
Warum Lachmann hier nach Bodmers Vorgang von der Hs., die *nie* statt *ie* liest, abgewichen ist, kann ich nicht begreifen. Nur *nie* scheint mir hier stehen zu können. Nie habe ich die guten Frauen gerühmt, ohne, wenn ich betrübt war, froh zu werden; oder positiv ausgedrückt: so oft ich auch in Leid war, das Lob der guten Frauen machte mich jedesmal froh: *Ich gesprach nie wol von guoten wîben, was mir leit, ichn wurde frô.*

105, 22—26. *ir dûf enmoht sich (enmohtens?) niht verheln,*
    si begonden under zwischen steln
    und alle ein ander melden.
    seht, diep stal diebe:
    drô tet liebe.
= AC. Beide, hier aus einer Quelle geflossenen Hss., stimmen genau, bis auf *dro,* wofür C *dû* hat. Dazu bemerkt Lachmann: „mag eins oder das andere richtig sein, immer fehlt ein Fuß, den ich so wenig zu ergänzen, als den Sinn der Zeile zu errathen weiß."

Der Fehler wird in *tet* stecken. Ich glaube, man wird dafür *tœtet* zu lesen haben, welches zuweilen *tött* geschrieben wird.[1]) Statt *drô* = A möchte ich, worauf *diu* = C deutet, *diube* lesen: *diube tœtet liebe.* Ihre Dieberei konnte sich (oder: konnten sie) nicht verbergen, sie fiengen an sich gegenseitig zu bestehlen und zu verrathen. Seht, ein Dieb bestahl den andern; aber der Diebstahl tödtet, vernichtet die Freundschaft, ist das Grab der Freundschaft. *drô* scheint weniger zu passen. Ähnlich heißt es bei Boner: *gîtekeit* (die Habsucht) *schicket daz, daz friunt friunde wirt gehaz. gîtekeit diu stiftet zorn* 9, 31—33. und im Wigalois: *würde genomen ein turnei von den Osterherren ûf daz sant, dâ würde gevaterschaft zertrant, sô sich die poinder flæhten und nâch gewinne dæhten. ich hân ir sliche wol ersehen, wie si nâch guote künnen spehen* u. s. w. 246, 22—28. Die Sucht nach Gut und Gewinn, nach Beute auf dem Turnierplatz, ist es, die hier die Gevaterschaft zertrennt, d. h. die Freundschaft vernichtet. Wir haben also hier denselben Gedanken wie in der eben emendierten Stelle.

117, 35. *sô hulf ich in ir schaden klagen,* so ohne Hs.; in der einzigen, die das Lied uns überliefert (A), fehlt nämlich *in,* was wir aus meiner Ausgabe erst im dritten Abdruck unter den Lesarten erfahren. Diese Ergänzung ist nicht ganz gelungen. Erstens stört sie das Metrum: Vers 1—5 und 7 sind in allen drei Strophen des Liedes trochäisch, je der sechste jambisch; unsere Zeile aber bildet die 7. der ersten Strophe. Sodann scheint der Dat. des Pronomens nicht durchaus erforderlich; muß er indess gesetzt werden, so darf nur *ih'n* oder *i'n* = *ich in* stehen:
sô hulf ih'n ir schaden klagen.

- - -

Dieß ist es, was ich zu Walther zu bemerken habe. Wiederholtes Lesen und Erwägen gewährt vielleicht künftig weitern Ertrag. Ich bilde mir nicht ein, daß ich überall den Nagel auf den Kopf getroffen und in Allem Billigung oder Zustimmung finden werde. Aber wer nichts wagt, gewinnt nichts. Ich habe daher auch minder Sicheres absichtlich nicht zurück gehalten, auf Widerspruch gefasst

---

[1]) Ich habe diese Conjectur schon vor Jahren gemacht, und sehe nun, daß auch Weiske auf ähnlichen Gedanken kam: todt war ihre Liebe. Wackernagel (2, 151) vermuthete *diutet.*

und ihm ruhig entgegen sehend. Dasselbe Recht, das ich gegen Andere in Anspruch nehme, steht Andern natürlich auch gegen mich zu; aber wie ich mich bemüht habe, für meine abweichenden Ansichten Gründe vorzubringen, glaube ich erwarten zu dürfen, daß man mich nicht mit allgemeinen Redensarten, sondern ebenfalls mit Gründen bekämpfen und widerlegen werde. Geschieht dieß, so hat es keine Gefahr, wenn auch beim Zusammenprall der verschiedenen Meinungen etwelche Funken sprühen. Schon Goethe hat es gewusst, daß nicht die ruhige Zustimmung, sondern der Widerspruch es ist, der productiv macht und den Einzelnen wie das Ganze fördert (Eckermann 3, 122). Auch in unserer Wissenschaft, deren schlimmster Feind die blinde Nachbeterei und Glaubensseligkeit ist, wird er seine heilsame, belebende Kraft früher oder später nicht verläugnen.

Wenn übrigens von meinen Vorschlägen auch nur ein Theil sich bewährt und die andern, minder gelungenen, dadurch daß sie den Widerspruch herausfordern, dazu dienen, mit Unrecht Angefochtenes fester zu begründen, Zweifelhaftes sicher zu stellen, über Dunkles mehr Licht zu verbreiten, so ist das schon etwas und leicht mehr, als Diejenigen, welche Lachmanns Texte für unantastbar halten, von sich rühmen können.

WIEN, 1. December 1859.